ミスしやすい英単語を全777問で総チェック！

二本柳 啓文 著

GOGAKU SHUNJUSHA

はじめに

本書は，語学学習の基本である「語彙」力をいっそう高めるために，**単に意味を覚えるだけにとどまらず，さまざまな角度から語彙に接していただきたい**，という思いで作り上げました。
「さまざまな角度」の具体的な内容は，目次をご覧になってください。

本書の進め方ですが，質問は全777問となっています。
(1) 本書攻略にあたっては，短期集中で取り組むなら，**“1日約55問×14日間”というスピードプラン**をご活用ください（次ページ参照）。また，時間に余裕がある人は，スペリングは書いて覚えるようにしましょう。きっと**ライティングで効果を発揮する**はずです。
(2) 基礎知識ながら，**ミスしやすい語彙知識**を中心に，11項目にわたって質問形式でまとめました。できるだけ早めにチェック・トレーニングに入ることをおすすめします。
(3) 苦手な分野，または早急にマスターしたい項目があれば，状況に応じて適宜判断して挑戦してください。

本書を一通り学習すれば，**ひとつひとつの単語が単なるアルファベットの文字列ではない**ことがわかり，その**成り立ちや背景にまで興味と関心が向くようになる**ものと思います。

では，さっそく始めましょう。

二本柳 啓文

14日間スピードプラン 学習モデル

	ページ範囲	問題数	第１回正解数・正解率		第２回正解数・正解率	
記入例	pp.1 ～ 14	55	23 問	41 %	45 問	80 %
第１日	pp.1 ～ 14	55	問	%	問	%
第２日	pp.14 ～ 30	55	問	%	問	%
第３日	pp.30 ～ 48	55	問	%	問	%
第４日	pp.48 ～ 62	55	問	%	問	%
第５日	pp.62 ～ 74	55	問	%	問	%
第６日	pp.74 ～ 86	55	問	%	問	%
第７日	pp.86 ～ 98	55	問	%	問	%
第８日	pp.98 ～ 110	56	問	%	問	%
第９日	pp.110 ～ 126	56	問	%	問	%
第10日	pp.126 ～ 142	56	問	%	問	%
第11日	pp.142 ～ 152	56	問	%	問	%
第12日	pp.152 ～ 168	56	問	%	問	%
第13日	pp.168 ～ 180	56	問	%	問	%
第14日	pp.182 ～ 196	56	問	%	問	%
集　計		777	問	%	問	%

「14日間スピードプラン」への挑戦は，早ければ早いほどよいでしょう。
解答時間は１問につき５秒を目安としてください。
志望大学への到達基準の目安は以下のとおりです。

- 一般国公私立短大：65% 以上
- 有名国公私立大　：75% 以上
- 最難関国公私立大：85% 以上

なお，第２回目のテストは，第１回目のテストから３日～４日程度の間隔をとって実施するのがオススメです。第３回目以降は間違った問題のみにしぼって反復していくとよいでしょう。

CONTENTS

間違いやすい和製英語をチェックしよう

□□001
「ノートパソコン」は a note PC である。 Yes / No

□□002
「ガソリンスタンド」は a gas station である。 Yes / No

□□003
「キャッチコピー」は a slogan である。 Yes / No

□□004
「コンクール」は a contest である。 Yes / No

□□005
「スポーツクラブ」は a sports club である。 Yes / No

□□006
「リストラ」は downsizing である。 Yes / No

□□007
「フライドポテト」は fried potato である。 Yes / No

001 No

▶ 正しくは a laptop，あるいは a notebook PC。「デスクトップ」は a desktop，「手のひらサイズの小型コンピュータ」は a palmtop。

002 Yes

▶ a petrol station《英》でもよい。

003 Yes

▶ 東京 2020 オリンピック・パラリンピックのキャッチフレーズは，「ともに生きる。ともに輝く」。

004 Yes

▶ concours（コンクール）はフランス語。

005 No

▶ 正しくは a gym。a gymnasium の短縮語。

006 Yes

▶ downsizing は「人員削減」の意味。restructuring「再編成」でもよい。

007 No

▶ 正しくは French fries または chips。ベルギーのフランス語圏が発祥の地なので French fries と呼ばれるようになった，とも言われているが諸説あり。「フライドチキン」は fried chicken でよい。

□□008

「オーダーメイドの」は custom-made である。 Yes / No

□□009

「モーニングコール」は a morning call ではない。

Yes / No

□□010

「オープンカフェ（歩道などのカフェテラス）」は an open café である。 Yes / No

□□011

「オーブントースター」は a toaster oven である。 Yes / No

□□012

「テレビゲーム」は a TV game である。 Yes / No

□□013

「テレビタレント」は a TV talent ではない。 Yes / No

□□014

「ビニールハウス」は a plastic greenhouse である。

Yes / No

□□015

「(空港などでの) ボディーチェック」は a body check である。

Yes / No

008 Yes

▶「既製品の」は ready-made。

009 Yes

▶正しくは a wake-up call。喫茶店などの「モーニング・サービス」は a breakfast special。

010 No

▶正しくは a sidewalk café。an outdoor café, an open-air café, a pavement café とも言う。

011 Yes

▶「オーブンレンジ」は a microwave oven → No.047 (pp.12-13) 参照

012 No

▶正しくは a video game。an electronic game とも言う。

013 Yes

▶正しくは a TV performer。a TV personality, a TV star とも言う。talent は「才能 (ある人々)」。

014 Yes

▶plastic はナイロンやビニールなども含めた「合成樹脂」。a plastic bag「ポリ袋」。

015 No

▶正しくは a security check。a body check は，アイスホッケーで相手選手の動きを体当たりで阻止すること。

□□016
「ワンルームマンション」は a studio apartment である。 Yes / No

□□017
「アフターサービス」は after service ではない。 Yes / No

□□018
「シーズンオフ」は the off-season ではない。 Yes / No

□□019
「シンボルマーク」は a symbol mark である。 Yes / No

□□020
「ノーブランド」は an off-brand である。 Yes / No

□□021
「(有名人などの) サイン」は a sign ではない。 Yes / No

□□022
「(署名を意味する) サイン」は signature である。 Yes / No

□□023
「(一般的な) アンケート」は a questionnaire である。 Yes / No

□□024
「オートバイ」は an auto-bicycle である。 Yes / No

016 **Yes**

▶ a studio flat, a one-room apartment とも言う。a mansion は個人所有の「大邸宅」。No.52（pp.14-15）参照。

017 **Yes**

▶ 正しくは after-sale(s) service。customer service とも言う。「修理サービス」は repair service。

018 **No**

▶ the off-season で正しい。「最盛期」は the high [peak] season。

019 **No**

▶ 正しくは an emblem または a logo。単に a symbol でもよい。

020 **Yes**

▶ a generic brand とも言う。generic は「一般的な，包括的な」。

021 **Yes**

▶ 正しくは an autograph。「サインをする」は sign an autograph。

022 **Yes**

▶ sign（名詞）は「標識，合図，兆し」。

023 **Yes**

▶ 「世論調査」は a poll。

024 **No**

▶ 正しくは a motorbike。英国では a motorcycle とも言う。

□□025

「ジェットコースター」は a jet coaster ではない。 Yes / No

□□026

「シャープペン」は a sharp pencil である。 Yes / No

□□027

「ボールペン」は a ballpoint pen ではない。 Yes / No

□□028

「ペットボトル」は a pet bottle である。 Yes / No

□□029

「キャリアップ」は career up ではない。 Yes / No

□□030

正しい英語の表現は？

「カンニング」＝（ ）

□□031

正しい英語の表現は？

「スペルミス」＝ a（ ）（ ）

□□032

正しい英語の表現は？

「ハードスケジュール」＝ a（ ）（ ）

025 Yes

▶ 正しくは a roller coaster。英国では a switch back とも言う。

026 No

▶ 正しくは a mechanical pencil。a sharp pencil は「芯のとがった鉛筆」。

027 No

▶ a ballpoint pen で正しい。a ball (-) point pen などとも綴る。「万年筆」は a fountain pen。

028 No

▶ 正しくは a plastic bottle または a P.E.T. bottle。P.E.T. は polyethylene terephthalate「ポリエチレンテレフタレート」の略。

029 Yes

▶ 正しくは career enhancement。career [kəríər] のアクセントに注意。

030 答え：cheating

▶ cunning は「悪賢い」。

031 答え：a spelling mistake [error]

▶ (a) misspelling とも言う。

032 答え：a tight [busy, full, heavy] schedule

▶ a hard schedule とは言わないが, hard training「ハードトレーニング」は正しい。

□□ 033

正しい英語の表現は？

「マイナスイメージ」= a (　　　　) (　　　　)

□□ 034

正しい英語の表現は？

「(結婚式場での) バージンロード」= the (　　　　)
(　　　　)

□□ 035

正しい英語の表現は？

「ワンパターン(の)」= (　　　　)

□□ 036

正しい英語の表現は？

「リストアップされた作品」
= the works (　　　　) (　　　　) (　　　　)

□□ 037

「(電子) メール」は mail である。 Yes / No

□□ 038

「クレーム」は a claim ではない。 Yes / No

□□ 039

「クローク」は a checkroom である。 Yes / No

□□ 040

「コンセント」は consent ではない。 Yes / No

033 答え：a bad［negative］ image

▶「プラスイメージ」は a positive image。

034 答え：the wedding aisle

▶ aisle［áɪl］「通路」の発音に注意！

035 答え：stereotyped

▶ all the same も同じ意味。

036 答え：the works on the list

▶「A をリストアップする」は list *A* でよい。list up とは言わない。

037 No

▶ 正しくは（an）email または（an）e-mail。mail は「郵便（物・制度）」。

038 Yes

▶ 正しくは a complaint。a claim は「主張」。

039 Yes

▶ a cloak は「（袖なしの）マント」。

040 Yes

▶ 正しくは a socket または an outlet。consent は「同意」。

□□ 041
「サマータイム」は summer time である。 Yes / No

□□ 042
「シール」は seal ではない。 Yes / No

□□ 043
「シュート」は a shot である。 Yes / No

□□ 044
「スクラップ（切り抜き）」は a clipping ではない。
Yes / No

□□ 045
「スペル」は a spell である。 Yes / No

□□ 046
「ソーラーシステム」は a solar system ではない。 Yes / No

□□ 047
「電子レンジ」は a microwave range である。 Yes / No

□□ 048
「ビジネスマン（会社員）」は a businessman ではない。
Yes / No

□□ 049
「（講演，授業などで配布される）プリント」は a print である。
Yes / No

041 Yes

▶ daylight (saving) time《米》とも言う。DST と表記する場合もある。

042 Yes

▶ 正しくは a sticker。a seal は「印鑑，アザラシ」。

043 Yes

▶ shoot は「射撃（する)」。

044 No

▶ a clipping で正しい。a scrap は「断片」。

045 No

▶ 正しくは a spelling。a spell は「呪文，ひと続きの期間」。

046 Yes

▶ 正しくは a solar-powered system あるいは a solar heating [energy] system。the solar system は「太陽系」。

047 No

▶ 正しくは a microwave (oven)。a range は「コンロ，範囲」。

048 Yes

▶ 正しくは an office worker。a businessman [businessperson] は「実業家」。

049 No

▶ 正しくは a handout。print は「印刷（する)」。

□□050

「(ホテルの) フロント」は front ではない。 Yes / No

□□051

「(バンドなどの) ボーカル」は vocal である。 Yes / No

□□052

「マンション」は a condo または a condominium である。 Yes / No

□□053

「ルーズな」は loose である。 Yes / No

□□054

「ドライヴ・スルー」は drive-threw である。 Yes / No

□□055

「キーホルダー」は a key holder である。 Yes / No

□□056

「リハビリ」は rehabilitation である。 Yes / No

□□057

「マグカップ」は a mug cup ではない。 Yes / No

□□058

「(デジタル機器等の) アプリ」は app である。 Yes / No

050 Yes

▶ 正しくはthe front desk, the reception, the desk。frontは「玄関, 正面, 前方」。

051 No

▶ 正しくは a vocalist。a singer でもよい。a vocal は「歌唱」。

052 Yes

▶ a mansion は「大邸宅」。No.016（pp.6-7）参照。

053 No

▶ 正しくは lazy「怠惰な」, careless「不注意な」, not punctual「時間にルーズな」など。loose は「ゆるんだ」。

054 No

▶ 正しくは drive-through。drive-thru とも表記される。

055 No

▶ 正しくは a key ring または a key case。ring は「輪」, case は「ケース」, a key chain もあるが a key holder とは言わない。

056 Yes

▶ rehab と縮めて言う場合もある。

057 Yes

▶ 正しくは a mug。ビールの「ジョッキ」も a beer mug。

058 Yes

▶ an application（software）と同じ。

□□059

「(商品割引などの) キャンペーン (宣伝活動)」は a special である。 Yes / No

□□060

正しい英語の表現は？

「システムキッチン」
= a(　　　)(　　　)(　　　)

□□061

正しい英語の表現は？

「ティッシュペーパー」= a(　　　)

□□062

正しい英語の表現は？

「ユニットバス」= a(　　　)(　　　)

□□063

正しい英語の表現は？

「ヘルスメーター」= a(　　　)(　　　)

□□064

正しい英語の表現は？

「ランチョンマット」= a(　　　)

□□065

正しい英語の表現は？

「ハッシュ(ド)ポテテト」= (　　　)(　　　)

059 **Yes**

▶ a discount, a promotion なども用いるが, この意味では a campaign とは言わないのがふつう。

060 答え：**a built-in kitchen unit**

▶ a fully-fitted kitchen, a unit kitchen などとも言う。a system kitchen とは言わない。

061 答え：**a tissue あるいは Kleenex**

▶ tissue paper は包帯用の薄い紙を指す。

062 答え：**a modular bath**

▶ a unit bath とは言わない。modular「組み立て式の」

063 答え：**a bathroom scale**

▶ a health meter とは言わない。

064 答え：**a placemat**

▶ a luncheon mat とは言わない。

065 答え：**hash browns**

▶ hashed browns とも言う。

□□066

正しい英語の表現は？

「レアチーズケーキ」＝ an (　　　　) (　　　　)

□□067

正しい英語の表現は？

「エンゲージリング」＝ an (　　　　) (　　　　)

□□068

正しい英語の表現は？

「ワイシャツ」＝ a (　　　　)

□□069

正しい英語の表現は？

「ワンピース（着用物）」＝ a (　　　　)

□□070

正しい英語の表現は？

「ピアス」＝ (　　　　) (　　　　)

□□071

正しい英語の表現は？

「ホームショッピング（郵便・電話・インターネット等で家庭から注文すること）」＝ (　　　　) (　　　　)

□□072

正しい英語の表現は？

「フリーダイヤル」＝ a (　　　　) (　　　　)

066 答え：an unbaked cheesecake

▶ rare は「(肉などが) 生焼けの」。

067 答え：an engagement ring

▶ an engagement「婚約」

068 答え：a shirt

▶ ネクタイをするような正装用は a dress shirt とも言う。

069 答え：a dress

▶ ノースリーブのワンピースは a sleeveless dress。

070 答え：pierced earrings

▶ 耳たぶに挟むものは earrings もしくは clip-on earrings。

071 答え：home shopping

▶ テレビから注文する場合は，television shopping や teleshopping とも言う。

072 答え：a toll-free number [call]

▶《英》では Freephone，Freefone とも言う。

□□ 073

正しい英語の表現は？

「ビニール袋」＝ a（　　　　）（　　　　）

□□ 074

正しい英語の表現は？

「ドクターストップ」＝ a（　　　　）（　　　　）

□□ 075

正しい英語の表現は？

「ホームドクター」＝ a（　　　　）（　　　　）

□□ 076

正しい英語の表現は？

「マイペースである」＝ get *one*'s own（　　　　）

□□ 077

正しい英語の表現は？

「ガードマン」＝ a security（　　　　）

□□ 078

正しい英語の表現は？

「フリーター」＝ a（　　　　）

□□ 079

正しい英語の表現は？

「ドタキャン」＝ last（　　　　）（　　　　）

073 答え：a plastic bag

▶「ビニール傘」も a plastic umbrella。

074 答え：a doctor's order

▶ a doctor stop とは言わない。

075 答え：a family doctor

▶ a home doctor とは言わない。

076 答え：get *one*'s own way

▶ She gets her own way.「彼女はマイペースだ」

077 答え：a security guard

▶ a guard man とは言わない。

078 答え：a part-timer

▶ a freelance worker とも言う。

079 答え：last minute cancellation

▶ cancellation at last minute とも言う。

□□080

正しい英語の表現は？

「サイドビジネス」＝ a (　　　　) (　　　　)

□□081

正しい英語の表現は？

「ビーチパラソル」＝ a (　　　　) (　　　　)

□□082

正しい英語の表現は？

「ベストテン」＝ the (　　　　) (　　　　)

□□083

正しい英語の表現は？

「(テレビの) ワイドショー」＝ a (　　　　) (　　　　) (　　　　)

□□084

正しい英語の表現は？

「ゲートボールをする」＝ play (　　　　)

□□085

正しい英語の表現は？

「ナイスショット[シュート]!」＝ (　　　　) (　　　　)!

□□086

正しい英語の表現は？

「(球場等の) バックネット」＝ a (　　　　)

080 答え：a second job

▶ a sideline, a side job とも言う。

081 答え：a beach umbrella

▶「折りたたみ傘」は a folding [compact] umbrella。

082 答え：the top ten

▶ その他文脈に応じて様々な表現がある。

083 答え：a TV talk show あるいは a TV variety show [program]

▶「生放送」は a live broadcast。

084 答え：play gateball

▶ gate ball とも書く。

085 答え：Good [Nice] shot!

▶ shoot は「シュートする」という意味の動詞。

086 答え：a backstop

▶ a backnet とは言わない。

□□ 087

正しい英語の表現は？

「(野球の) フォアボール」 = a (　　　　)

□□ 088

正しい英語の表現は？

「(ゴルフ等の) レッスンプロ」= a (　　　　) (　　　　)

□□ 089

正しい英語の表現は？

「(スポーツ等の) シーズンオフ」 = the (　　　　)

□□ 090

正しい英語の表現は？

「(テレビ等の) ゴールデンタイム」 = (　　　　) (　　　　)

□□ 091

正しい英語の表現は？

「(自動車等の) サイドブレーキ」 = an (　　　　) (　　　　)

□□ 092

正しい英語の表現は？

「(自動車等の) バックミラー」= a (　　　　) (　　　　)

□□ 093

正しい英語の表現は？

「(自動車の) ハンドル」 = a steering (　　　　)

087 答え：**a walk**

▶ a base on balls とも言う。four balls は「ボール４個」。

088 答え：**a teaching pro(fessional)**

▶ 「プロに転向する」は turn [go] pro(fessional)。

089 答え：**the off-season**

▶ postseason とも言うが，season-off とは言わない。

090 答え：**prime time**

▶ golden time とは言わない。

091 答え：**an emergency brake**

▶ 《米》では a parking brake，《英》では a handbrake とも言う。

092 答え：**a rearview mirror**

▶ a back mirror とは言わない。

093 答え：**a steering wheel**

▶ この意味では handle とは言わない。「ハンドルを左に急に切る」は swerve (to the) left。

□□094

正しい英語の表現は？

「(自転車の) ハンドル」＝ (　　　　　)

□□095

正しい英語の表現は？

「(自動車等の) フロントガラス」＝ a (　　　　　)

□□096

正しい英語の表現は？

「ダイニングキッチン」＝ a kitchen with a (　　　　　) (　　　　　)

□□097

正しい英語の表現は？

「カフスボタン」＝ (　　　　　) (　　　　　)

□□098

正しい英語の表現は？

「ハンバーグ」＝ a hamburg(er) (　　　　　)

□□099

正しい英語の表現は？

「(SNS などの) スレッド」＝ a (　　　　　)

□□100

正しい英語の表現は？

「ホッチキス」＝ a (　　　　　)

094 答え：handlebars

▶「(ネットワーク用の）ハンドルネーム」は a handle, an online name。

095 答え：a windshield あるいは windscreen

▶ a front glass とは言わない。

096 答え：a kitchen with a dining area

▶ a dining room with a kitchen も可。

097 答え：cuff links

▶ 数える時は左右 1 組なので a pair of cuff links。

098 答え：a hamburg(er) steak

▶「ハンバーガー」は a (ham)burger。

099 答え：a thread

▶ (a) thread「糸」「(議論の) 筋道」が元々の意味。

100 答え：a stapler

▶「ホッチキス」(Hotchkiss) は考案者の名。

UNIT 2 性差のない表現を身につけよう

□□01

「実業家」a businessman を性差のない表現に変えると，a businessperson である。 Yes / No

□□02

「客室乗務員」an air hostess / a stewardess を性差のない表現に変えると，an air attendant である。 Yes / No

□□03

「消防士」a fireman を性差のない表現に変えると，a firefighter ではない。 Yes / No

□□04

「主婦」a housewife を性差のない表現に変えると，a homemaker である。 Yes / No

□□05

「郵便配達（する人）」a mailman を性差のない表現に変えると，a mail deliverer である。 Yes / No

□□06

「警察官」a policeman を性差のない表現に変えると，a police officer である。 Yes / No

01 Yes

▶「起業家」は an entrepreneur。「セールスマン」は a salesperson,「議長」は a chairperson あるいは a chair。

02 No

▶ 正しくは a flight attendant。「駐車場の係員」は a parking attendant。

03 No

▶ a firefighter で正しい。「消防活動」は firefighting。

04 Yes

▶ a housekeeper は「家政婦，清掃員」。

05 No

▶ 正しくは a mail carrier。a mailperson，a letter carrier，a postal carrier [worker] などとも言う。

06 Yes

▶ 呼びかけるときは officer と言うのがふつう。俗称は cop。

□□07

「母語」*one*'s mother tongue を性差のない表現に変えると，*one*'s parent language である。 Yes / No

□□08

「人類」mankind を性差のない表現に変えると，personality である。 Yes / No

□□09

「一対一の」man-to-man を性差のない表現に変えると，person-to-person である。 Yes / No

□□10

「マンホール」a manhole を性差のない表現に変えると，a utility hole である。 Yes / No

□□11

everybody 等を受ける代名詞 he を性差のない表現に変えると，he or she または they などである。 Yes / No

□□12

a husband，a wife を性差のない表現に変えると，a partner ではない。 Yes / No

□□13

gender sensitivity の日本語の意味は？

07 No

▶ 正しくは *one*'s native tongue [language] / *one*'s first language。「母語」は幼児期に最初に習得される言語。「母国語」は生まれた国や所属している国の言語。

08 No

▶ 正しくは humans, humankind, human beings, the human race など。学名は Homo sapiens。

09 Yes

▶ a person-to-person call は「指名電話」。

10 Yes

▶ a maintenance hatch, a personhole などとも言う。

11 Yes

▶ she or he や s/he も使われる。

12 No

▶ a partner で正しい。partnership with ...で「…との協力」

13 答え：「性別について配慮すること」

▶ sensitivity は「神経の細やかさ，感受性」。

□□ 14

LGBTQ の日本語の意味は？

□□ 15

gender identity の日本語の意味は？

□□ 16

inclusive の日本語の意味は？

□□ 17

gender-free の日本語の意味は？

14 答え：「性的マイノリティー」

▶ lesbian，gay，bisexual，transgender，queer の頭文字。

15 答え：「性自認」

▶ 自らの gender をどのように認識するか，ということ。

16 答え：「包括的な，いろいろな人を受け入れる」

▶ an inclusive society で「排他的でない社会」。

17 答え：「男女平等の，性別を問わない」

▶ gender-equal，gender-neutral なども言う。

数に関する表現，度量衡換算の表現を学ぼう

□□01

five を序数（順序を表すもの）で表すと fiveth である。

Yes / No

□□02

twelve を序数（順序を表すもの）で表すと，twelfth である。

Yes / No

□□03

nine を序数（順序を表すもの）で表すと，nineth である。

Yes / No

□□04

twenty を序数（順序を表すもの）で表すと，twentieth である。

Yes / No

□□05

twenty-one を序数（順序を表すもの）で表すと，twenty-first ではない。

Yes / No

□□06

one hundred (and) one を序数（順序を表すもの）で表すと，one hundred (and) first である。

Yes / No

01 No

▶ 正しくは fifth。ve で終わる語は，ve を f に変えて th をつける。

02 Yes

▶ ve で終わる語は，ve を f に変えて th をつける。

03 No

▶ 正しくは ninth。e で終わる語は，e を取り th をつける。

04 Yes

▶ y で終わる語は，y を ie に変えて th をつける。

05 No

▶ twenty-first で正しい。20 以上の数字は，ひとけたの数字の部分だけを序数にする。

06 Yes

▶ 20 以上の数字は，ひとけたの数字の部分だけを序数にする。

□□07

「4」の正しいつづりはfourであるが,「40」のつづりはfourtyである。

Yes / No

□□08

firstを数字を使って表すと1stである。同様に,thirdは3stである。

Yes / No

□□09

eighthを数字を使って表すと8thである。同様に,ninety-firstは91stである。

Yes / No

□□10

123の英語の読み方は,one hundred (and) twenty-threeである。

Yes / No

□□11

49,203の英語の読み方は,forty-nine, two hundred (and) threeである。

Yes / No

□□12

987,654,321(9億8765万4321)の英語の読み方は,nine hundred (and) eighty-seven million, six hundred (and) fifty-four thousand, three hundred (and) twenty oneである。

Yes / No

07 No

▶ 正しくは forty。序数は fortieth。

08 No

▶ 正しくは 3rd。数字を用いて序数を表すときは，序数の終わりの 2 文字を付け加える。second は 2nd。

09 Yes

▶ 数字を用いて序数を表すときは，序数の終わりの 2 文字を付け加える。

10 Yes

▶ 100 ＋それ以下の数。

11 No

▶ 正しくは forty-nine thousand two hundred (and) three。3 けたごとのコンマで区切り，単位名をつけて読む。

12 Yes

▶ hundred，thousand や million の前に 2 以上の数字がきても，hundreds，thousands や millions のように語尾に複数形の s を付けない。and を入れるなら 1 ～ 99 の数字の前（hundred の後ろ）。ただし，and は省略されることも多い。

□□13

2022年7月23日を英語で言うと, July 23, 2022 (July (the) twenty-third / July twenty-three twenty twenty-two), または 23(rd) July, 2022 (the twenty-third of July twenty twenty-two) である。

Yes / No

□□14

$\frac{1}{3}$ (3分の1) の英語の読み方は, a[one] three である。

Yes / No

□□15

$\frac{1}{2}$ (2分の1) の英語の読み方は, a[one] second である。

Yes / No

□□16

$\frac{1}{4}$ (4分の1) の英語の読み方は, a[one] quarter[fourth] である。

Yes / No

□□17

$\frac{3}{5}$ (5分の3) の英語の読み方は, three fifth である。

Yes / No

□□18

$2\frac{5}{6}$ (2と6分の5) の英語の読み方は, two and five sixths である。

Yes / No

13 **Yes**

▶ 西暦は100と10の位の間で区切って読むのがふつうだが，特に2000年以降は，4けたまとめて読む読み方も可。たとえば，2001年はtwenty oh-oneと読むのがふつうだが，two thousand（and）oneとも読む。

14 **No**

▶ 正しくはa [one] third。分子（基数）→分母（序数）の順で読む。

15 **No**

▶ 正しくはa [one] half。分子（基数）→分母（序数）の順で読む。

16 **Yes**

▶ 分子（基数）→分母（序数）の順で読む。

17 **No**

▶ 正しくはthree fifths。分子（基数）→分母（序数）の順で読む。分子が2以上のとき，分母は複数形になる。

18 **Yes**

▶ 帯分数は，整数部分を読んでから，分子（基数）→分母（序数）の順で読む。分子が2以上のとき，分母は複数形になる。

□□19

12.34（小数）の英語の読み方は，twelve point thirty-four である。 Yes / No

□□20

「4時30分」を英語で言うと，four thirty または half past four である。 Yes / No

□□21

「8時45分（9時15分前）」を英語で言うと，eight forty-five または (a) quarter to eight である。 Yes / No

□□22

「9時15分」を英語で言うと，nine fifteen または (a) quarter past[after] nine である。 Yes / No

□□23

電話番号「1234-9907」の英語の読み方は，one thousand two hundred thirty four, nine thousand nine hundred and seven である。 Yes / No

□□24

温度を表す「31℃」の英語の読み方は，thirty-one degrees centigrade[Celsius] である。 Yes / No

□□25

金額を表す「$9.30」の英語の読み方は，nine dollar and thirty cent である。 Yes / No

19 No

▶ 正しくは twelve point three four。小数点は point と読み，小数点以下は数字を 1 つずつ読む。

20 Yes

▶ past は「…を過ぎて」という意味の前置詞。

21 No

▶ 正しくは eight forty-five または(a) quarter to nine。(a) quarter before nine とも言う。

22 Yes

▶ a quarter minute とは言わない。

23 No

▶ 正しくは one two three four double nine [nine nine] zero [o] seven。数字は 1 つずつ区切って読む。0（ゼロ）は，数字が続いてその間にある場合には [oʊ] とも読む。

24 Yes

▶「摂氏温度計」は a Celsius thermometer。

25 No

▶ 正しくは nine dollars（and）thirty（cents）または単に数字の部分だけを読んで nine thirty。「ユーロ」を表す記号の € と混同しないこと。

□□ 26

金額を表す「€40.40」の英語の読み方は，forty euros and forty cents，または forty euros forty，または forty forty である。

Yes / No

□□ 27

金額を表す「£7.35」の英語の読み方は，seven pounds and thirty five pence，または seven pound(s) thirty-five である。

Yes / No

□□ 28

金額を表す「5,300円」の英語の読み方は，five thousand, three hundred yen である。

Yes / No

□□ 29

英国女王 Elizabeth Ⅱ「エリザベス２世」の英語の読み方は，Elizabeth second である。

Yes / No

□□ 30

World War II「第二次世界大戦」の英語の読み方は，World War Two または the Second World War である。

Yes / No

□□ 31

p.99「99ページ」の英語の読み方は，ninety-nine page である。

Yes / No

26 **Yes**

▶「ユーロ」は EU 共通通貨。

27 **Yes**

▶ここでの「ポンド」は英国の通貨単位。

28 **Yes**

▶ yen は単複同形。yens とはしない。

29 **No**

▶正しくは Elizabeth the second。同名の父子の息子の場合は,「ジョージ・ブッシュ 2 世」で George Bush, Jr.((the) junior) と呼ぶ。

30 **Yes**

▶「太平洋戦争」は the Pacific War, または the War in the Pacific。

31 **No**

▶正しくは page ninety-nine。p.99ff.「99 ページ以降を見よ」。ff. の読み方は and the following pages [lines] がふつう。

□□32

pp.15-30「15ページ～30ページ」の英語の読み方は，pages fifteen to thirty である。 Yes / No

□□33

「10歳代で」を英語で言うと，in teens である。 Yes / No

□□34

「20（歳）代前半で」を英語で言うと，in *one*'s early twenties である。 Yes / No

□□35

「30（歳）代後半で」を英語で言うと，in *one*'s late thirty である。 Yes / No

□□36

「1990年代で」を英語で言うと，in the ninety nineties である。 Yes / No

□□37

「100万」を英語で言うと one million であるが，「10億」は one billion である。 Yes / No

□□38

「3時間の会議」を英語で言うと，a three-hours meeting である。 Yes / No

32 **Yes**

▶ pp はこれ以外にも「過去分詞（past participle)」や「ピアニッシモ(pianissimo)」なども表す。

33 **No**

▶ 正しくは in *one*'s teens。13 歳から 19 歳までを表す。10 歳から 12 歳は具体的な年齢を示す。

34 **Yes**

▶ 「20 代半ばに」なら in *one*'s mid-twenties [middle twenties]。

35 **No**

▶ 正しくは in *one*'s late thirties。「30 歳過ぎ」は over thirty。

36 **Yes**

▶ 「2020 年代」は in twenty twenties。

37 **Yes**

▶ 「100 億」は ten billion, 「1000 億」は a [one] hundred billion。

38 **No**

▶ 正しくは a three-hour meeting。「3 時間の」は形容詞の働きなので，複数形を表す s は付けない。

□□39

「100万」を英語で言うとone millionであるが,「1兆」はten trillionである。 Yes / No

□□40

「十中八九」を英語で言うと,ten to nineである。

Yes / No

□□41

「4年ごとに」を英語で言うと,every four yearsまたはevery fourth yearである。 Yes / No

□□42

「1行おきに」を英語で言うと,every other linesまたはevery second linesである。 Yes / No

□□43

「令和5年」を英語で表すと,the fifth year of ReiwaまたはReiwa fiveである。 Yes / No

□□44

「紀元前」を表すB.C.とは,before centuryの略である。

Yes / No

□□45

60 mphのmphは距離の単位である。 Yes / No

39 **No**

▶ 正しくは one trillion。数詞の後では単数形が普通で -s はまれ。「350 万」は three and a half million。

40 **No**

▶ 正しくは ten to one。「10 対 1 の割合で」という意味。

41 **Yes**

▶ 「1 年ごとに」は「毎年」なので every year。

42 **No**

▶ 正しくは every other line または every second line。「1 行ずつ」は line by line。

43 **Yes**

▶ 「平成」は Heisei，「昭和」は Showa。

44 **No**

▶ 正しくは before Christ。「紀元前 4 世紀」は the fourth century B.C.

45 **No**

▶ 速度の単位。「時速 60 マイル」sixty miles per hour。

□□46

「2lb」の英語の読み方は，two pound である。 Yes / No

□□47

「$\sqrt{9}$」の英語の読み方は，the square root of nine である。

Yes / No

□□48

5 + 2 = 7 の英語の読み方は，Five plus two are seven. である。 Yes / No

□□49

4 − 1 = 3 の英語の読み方は，One from four is three. である。 Yes / No

□□50

2 × 3 = 6 の英語の読み方は，Two times three is six. である。 Yes / No

□□51

18 ÷ 6 = 3 の英語の読み方は，Eighteen dividing by six equals three. である。 Yes / No

□□52

適切なほうを選びなさい。

1 (a. foot b. inch) = 2.54 cm

46 **No**

▶ 正しくは two pounds。こちらの「ポンド（約 454 グラム）」は重量単位。lb は libra（古代ローマで「天秤」の意味）に由来している。通貨の単位「ポンド」の由来も同じ。

47 **Yes**

▶ square「平方の，2 乗の」

48 **No**

▶ 正しくは Five plus two equals seven. Five and two make(s) seven. も可。

49 **Yes**

▶ Four minus one is [equals, leaves] three. も可。

50 **Yes**

▶ Two times three equals six. も可。

51 **No**

▶ 正しくは Eighteen divided by six equals three. Eighteen divided by six is three. も可。

52 答え：**b.**

▶ 1 foot = 12 inches

□□53

適切なほうを選びなさい。

1 (a. foot b. inch) = 0.3048 m

□□54

適切なほうを選びなさい。

1 (a. foot b. yard) = 0.9144 m

□□55

適切なほうを選びなさい。

1 (a. mile b. yard) = 1.609km

□□56

適切なほうを選びなさい。

1 (a. ounce b. pound) = 28.3495g

□□57

適切なほうを選びなさい。

1 (a. ounce b. pound) = 0.4536kg

□□58

ローマ数字の1，2，3はⅠ，Ⅱ，Ⅲとなる。 Yes / No

□□59

ローマ数字の4，9はⅣ，Ⅸとなる。 Yes / No

□□60

ローマ数字の6，7，8はⅥ，Ⅶ，Ⅷとなる。 Yes / No

53 答え：**a.**

▶ 1 foot = 1/3 yard

54 答え：**b.**

▶ 1 yard = 3 feet

55 答え：**a.**

▶ 1 mile = 1,760 yards

56 答え：**a.**

▶ ounce は「オンス」，pound は「ポンド」。発音注意！ ounce [áuns]，pound [páund]

57 答え：**b.**

▶ 1 pound = 16 ounces

58 **Yes**

▶ ローマ数字に 0（ゼロ）はない。

59 **Yes**

▶ 左側に差し引く数を置く。

60 **Yes**

▶ 5（V）の右側に 1 ～ 3 を重ねる。

□□ 61
ローマ数字の 20，29 は XX，XXⅨとなる。 Yes / No

□□ 62
ローマ数字の 40，50 は XL，L となる。 Yes / No

□□ 63
ローマ数字の 90，100 は XC，C となる。 Yes / No

□□ 64
ローマ数字の 500 は D となる。 Yes / No

□□ 65
ローマ数字の 1,000 は M となる。 Yes / No

□□ 66
ローマ数字の 2022 は MMXXⅡとなる。 Yes / No

61 Yes

▶ 1，2，3…20 のように一般に用いられている数字は，「アラビア数字」と称する。

62 Yes

▶ L は 50 を表す。

63 Yes

▶ C は 100 を表す。

64 Yes

▶ 「ローマ数字」は Roman numeral。

65 Yes

▶ 1,000 などの「アラビア数字」は Arabic numeral。

66 Yes

▶ （1000 × 2）＋（10 × 2）＋ 2

語根・接頭辞・接尾辞を押さえよう

□□ 001

antinuclear, antiwarming の下線部の意味は,「賛成, 支持」である。

Yes / No

□□ 002

enable, unable の下線部の意味は？

□□ 003

actor, react の下線部の意味は？

□□ 004

ambiguous, amphibian の下線部の意味は？

□□ 005

animal, unanimous の下線部の意味は？

□□ 006

anarchy, monarch の下線部の意味は？

□□ 007

bypass, by-product の下線部の意味は,「副次的, 付随的」である。

Yes / No

□□ 008

candidate「候補者」, candle「ろうそく」 下線部の意味は「白い」？

Yes / No

001 No

▶ 正しくは「反対，防止」。antinuclear「核兵器反対の」，antiwarming「温暖化防止の」

002 答え：「可能な」

▶ enable「できるようにする」，unable「できない」

003 答え：「行う」

▶ actor「俳優」，react「反応する」

004 答え：「両方」

▶ ambiguous「2つ以上の意味にとれる」，amphibian「両生類」

005 答え：「息をする」

▶ animal「動物」，unanimous「満場一致の」

006 答え：「長（chief）」

▶ anarchy「無政府状態，無秩序」，monarch「君主」

007 Yes

▶ bypass「自動車用迂回(うかい)路」，by-product「副産物」

008 Yes

▶ 古代ローマの官職選挙で候補者は白衣を着ていた。

□□ 009

capable，caption の下線部の意味は？

□□ 010

exceed，precede の下線部の意味は？

□□ 011

accept，receive の下線部の意味は？

□□ 012

access，ancestor の下線部の意味は？

□□ 013

pesticide，concise の下線部の意味は？

□□ 014

circulate，circumstance の下線部の意味は？

□□ 015

disclose，include の下線部の意味は？

□□ 016

cooperate の下線部の意味は，「共に」「共同で」である。

Yes / No

□□ 017

accord「一致，協定」，discord「不一致」 下線部の意味は「心」？

Yes / No

009 答え：「つかむ」

▶ capable「能力がある」，caption「説明」

010 答え：「進む」

▶ exceed「超える」，precede「先行する」

011 答え：「取る」

▶ accept「受け入れる」，receive「受け取る」

012 答え：「行く」

▶ access「接近方法」，ancestor「先祖」

013 答え：「切る」

▶ pesticide「殺虫剤」，concise「簡潔な」

014 答え：「周り」

▶ circulate「循環する」，circumstance「状況」

015 答え：「閉じる」

▶ disclose「明らかにする」，include「含む」

016 Yes

▶ cooperate「協力する」。con や com なども同じ働きがある。

017 Yes

▶ cord「ひも・コード（で結びつける）」→「心，きずな」

□□018

counterattack, counterproductive の下線部の意味は,「即座の」である。 Yes / No

□□019

increase, decrease 下線部の意味は?

□□020

current, occur 下線部は run「走る」に相当する? Yes / No

□□021

decode, demilitarize の下線部の意味は,「解く, 弱める」である。 Yes / No

□□022

contradict, predict 下線部の意味は?

□□023

discard, discourage の下線部の意味は,「加える」である。 Yes / No

□□024

doctor, document 下線部の意味は?

□□025

conduct, introduce 下線部の意味は?

□□026

durable, endure 下線部の意味は?

018 **No**

▶ 正しくは「逆の，反対の」。counterattack「反撃する」，counterproductive「逆効果の」

019 答え：**「成長する」**

▶ increase「増える」，decrease「減る」

020 **Yes**

▶ current「現在の」，occur「起こる」

021 **Yes**

▶ decode「解読する」，demilitarize「非武装化する」

022 答え：**「言う」**

▶ contradict「反論する，矛盾する」，predict「予言する」

023 **No**

▶ 正しくは「取り除く」。discard「捨てる」，discourage「落胆させる」

024 答え：**「教える」**

▶ doctor「博士，医師」，document「文書」

025 答え：**「導く」**

▶ conduct「行う，指揮する」，introduce「紹介する，導入する」

026 答え：**「続く」**

▶ durable「耐久性のある」，endure「我慢する」

□□ 027

enable, encourage の下線部の意味は,「〜にする」である。

Yes / No

□□ 028

ex-boyfriend の下線部の意味は,「前の, 元の」である。

Yes / No

□□ 029

exit, extraordinary の下線部の意味は,「範囲内の」である。

Yes / No

□□ 030

warfare, welfare　下線部の意味は？

□□ 031

factory, fiction, perfect　下線部の意味は？

□□ 032

offer, transfer　下線部の意味は？

□□ 033

confess, profession　下線部の意味は？

□□ 034

final, infinite　下線部の意味は？

□□ 035

fluent, fluid　下線部の意味は？

027 **Yes**

▶ enable「可能にする，～を与える」，encourage「励ます」

028 **Yes**

▶ ex-boyfriend「前のボーイフレンド」

029 **No**

▶ 正しくは「範囲外の」。exit「出口」。extraordinary「非凡な，風変わりな」

030 答え：**「行く」**

▶ warfare「戦争（状態）」，welfare「幸福」

031 答え：**「作る」**

▶ factory「工場」，fiction「作り話」，perfect「完璧な」

032 答え：**「運ぶ」**

▶ offer「提供する」，transfer「移す」

033 答え：**「話す」**

▶ confess「白状する」，profession「職業」

034 答え：**「終わり」**

▶ final「最後の」，infinite「限りない」

035 答え：**「流れる」**

▶ fluent「流暢（りゅうちょう）な」，fluid「流動体」

□□ 036

forecast の下線部の意味は，「前もって」である。 Yes / No

□□ 037

gender，gene　下線部の意味は？

□□ 038

digest，gesture　下線部の意味は？

□□ 039

photograph「写真」，pictograph「絵文字」　下線部の意味は「書くこと」？

Yes / No

□□ 040

aggressive，progress　下線部の意味は？

□□ 041

heredity，heritage　下線部の意味は？

□□ 042

exhibit，inhibit　下線部の意味は？

□□ 043

hypertension の下線部の意味は，「過小な」である。

Yes / No

□□ 044

identical「全く同じ」，identity「身元」　下線部の意味は「同じ」？

Yes / No

036 **Yes**

▶ forecast「予測(する)」

037 答え:**「生む」**

▶ gender「性別」, gene「遺伝子」

038 答え:**「運ぶ」**

▶ digest「消化する」, gesture「身振り」

039 **Yes**

▶ photo は光, picto は絵を表す。

040 答え:**「進む」**

▶ aggressive「攻撃的な」, progress「前進(する)」

041 答え:**「相続」**

▶ heredity「遺伝」, heritage「遺産」

042 答え:**「持つ」**

▶ exhibit「展示する」, inhibit「抑制する」

043 **No**

▶ 正しくは「過剰な」。hypertension「過度の緊張」

044 **Yes**

▶ identification「身分証明書, ID」

□□045

illegal の下線部の意味は，「一致した」である。 Yes / No

□□046

imperfect の下線部の意味は，「不，反対」である。

Yes / No

□□047

incredible の下線部の意味は，「不，反対」である。

Yes / No

□□048

intercultural の下線部の意味は，「分離」である。 Yes / No

□□049

irrational の下線部の意味は，「不，反対」である。

Yes / No

□□050

exit，transit　下線部の意味は？

□□051

project，reject　下線部の意味は？

□□052

just「公正な」，justify「正当化する」　下線部の意味は「法」？

Yes / No

□□053

literal，literature　下線部の意味は？

045 No

▶ 正しくは「不，反対」。illegal「不法の」

046 Yes

▶ imperfect「不完全な」

047 Yes

▶ incredible「信じられない」

048 No

▶ 正しくは「相互，～の間」。intercultural「異文化間の」

049 Yes

▶ irrational「理性を失った」

050 答え：「行く」

▶ exit「出口」，transit「輸送」

051 答え：「投げる」

▶ project「計画（する），投影する」，reject「拒絶する」

052 Yes

▶ just（形容詞・副詞）→ justice（名詞）→ justify（動詞）

053 答え：「文字」

▶ literal「知性」，literature「文学」

□□054

catalogue，logic　下線部の意味は？

□□055

malnourished の下線部の意味は，「善，良」である。

Yes / No

□□056

manufacture　下線部の意味は？

□□057

Mediterranean，medium　下線部の意味は？

□□058

comment，mental　下線部の意味は？

□□059

commerce，merchant　下線部の意味は？

□□060

admire「感嘆する」, miracle「奇跡」 下線部の意味は「驚く」？

Yes / No

□□061

misfortune の下線部の意味は，「悪く，誤って」である。

Yes / No

□□062

mission，promise　下線部の意味は？

054　答え：「話す」

▶ catalogue「カタログ」, logic「論理」

055　No

▶ 正しくは「悪，不良」。malnourished「栄養不良の」

056　答え：「手」

▶ manufacture「製造（する）」

057　答え：「中間」

▶ Mediterranean「地中海」, medium「媒体」

058　答え：「心」

▶ comment「論評」, mental「精神の」

059　答え：「取引」

▶ commerce「商業」, merchant「商人」

060　Yes

▶ miracle の形容詞形は miraculous。

061　Yes

▶ misfortune「不運」

062　答え：「送られる」

▶ mission「使命，使節団」, promise「約束（する）」

□□ 063

emit，transmit　下線部の意味は？

□□ 064

monitor「モニター」, monster「怪物」　下線部の意味は「警告する」？

Yes / No

□□ 065

motion，motor　下線部の意味は？

□□ 066

multiband の下線部の意味は，「少数の」である。 Yes / No

□□ 067

natural，nationality　下線部の意味は？

□□ 068

nonsense の下線部の意味は，「～にあらず」である。

Yes / No

□□ 069

outnumber の下線部の意味は，「下回る」である。

Yes / No

□□ 070

overage の下線部の意味は，「～の限度を超えた，過度の」である。

Yes / No

□□ 071

bypass，passenger　下線部の意味は？

063 答え：「送る」

▶ emit「発する」，transmit「送信する，伝導する」

064 Yes

▶「怪物」は神からの警告と考えられていた。

065 答え：「動かす」

▶ motion「運動」，motor「モーター」

066 No

▶ 正しくは「多数の，多様な」。multiband「多周波」

067 答え：「生まれる」

▶ natural「自然の」，nationality「国籍」

068 Yes

▶ nonsense「バカげた考えや発言」

069 No

▶ 正しくは「上回る」。outnumber「数で勝る」

070 Yes

▶ overage「制限年齢を超えた」

071 答え：「通る」

▶ bypass「バイパス，迂回（うかい）路」，passenger「乗客」

□□072

pedal, pedestrian 下線部の意味は？

□□073

expel, propel 下線部の意味は？

□□074

pendant, suspend 下線部の意味は？

□□075

appetite「食欲」，petition「嘆願(する)」 下線部の意味は「求める」？ Yes / No

□□076

complete, plenty 下線部の意味は？

□□077

component, postpone 下線部の意味は？

□□078

export, import, portable 下線部の意味は？

□□079

oppose, propose 下線部の意味は？

□□080

postwar の下線部の意味は，「〜前の」である。 Yes / No

072 答え：「足」

▶ pedal「ペダル」, pedestrian「歩行者」

073 答え：「追い立てる」

▶ expel「追い出す」, propel「推進する」

074 答え：「ぶら下がる」

▶ pendant「ペンダント」, suspend「一時停止する」

075 Yes

▶ a petitioner「（裁判の）原告」

076 答え：「満たす」

▶ complete「完全な」, plenty「たっぷり」

077 答え：「置く」

▶ component「構成要素」, postpone「延期する」

078 答え：「運ぶ」

▶ export「輸出（する）」, import「輸入（する）」, portable「持ち運びできる」

079 答え：「置く」

▶ oppose「反対する」, propose「提案する」

080 No

▶ 正しくは「～後の」。postwar「戦後」

□□081

prehistoric の下線部の意味は，「～以降の」である。

Yes / No

□□082

acquire「手に入れる」，require「必要とする」 下線部の意味は「求める」？

Yes / No

□□083

rating「ランク付け」，rational「理性のある」 下線部の意味は「数える」？

Yes / No

□□084

rerun の下線部の意味は，「再び」である。

Yes / No

□□085

bankrupt，erupt 下線部の意味は？

□□086

science，subconscious 下線部の意味は？

□□087

describe，prescribe 下線部の意味は？

□□088

semisweet の下線部の意味は，「半分，いくぶん」である。

Yes / No

□□089

consent，dissent 下線部の意味は？

081 No

▶ 正しくは「~以前の，あらかじめ」。prehistoric「有史以前の」

082 Yes

▶ inquire（中に求める）→「尋ねる」

083 Yes

▶ ratio「比率」

084 Yes

▶ rerun「再放送（する）」

085 答え：「破れた」

▶ bankrupt「破産した」，erupt「噴火する」

086 答え：「知る」

▶ science「科学」，subconscious「潜在(せんざい)意識の」

087 答え：「書く」

▶ describe「描写する」，prescribe「処方する」

088 Yes

▶ semisweet「甘みを抑えた」

089 答え：「感じる」

▶ consent「同意」，dissent「不同意」

□□090

absent，essential　下線部の意味は？

□□091

president，resident　下線部の意味は？

□□092

assist，resist　下線部の意味は？

□□093

respect，spectacle　下線部の意味は？

□□094

stable，constant，distance，substitute　下線部の意味は？

□□095

construct，structure　下線部の意味は？

□□096

subconscious の下線部の意味は，「上位」である。

Yes / No

□□097

suburb　下線部の意味は？

□□098

consume，presume　下線部の意味は？

090 答え：**「存在する」**

▶ absent「不在の」，essential「不可欠の」

091 答え：**「座る」**

▶ president「大統領，社長」，resident「居住者」

092 答え：**「立つ」**

▶ assist「助ける」，resist「抵抗する」

093 答え：**「見る」**

▶ respect「尊敬する」，spectacle「光景」

094 答え：**「立つ」**

▶ stable「安定した」，constant「一定の」，distance「距離」，substitute「代用（する）」

095 答え：**「築く」**

▶ construct「建設する，構成する」，structure「構造」

096 **No**

▶ 正しくは「下位，準～」。subconscious「潜在意識の」

097 答え：**「下（under）→近い，次の，…より南の」**

▶ suburb「（都市に近い）郊外」

098 答え：**「取る」**

▶ consume「消費する」，presume「推定する」

□□ 099

superhuman の下線部の意味は,「極上の,非常に良い」である。

Yes / No

□□ 100

maintain, sustain　下線部の意味は？

□□ 101

extend, pretend　下線部の意味は？

□□ 102

determine, terminal　下線部の意味は？

□□ 103

contest, testament　下線部の意味は？

□□ 104

distort, torture　下線部の意味は？

□□ 105

distract, tractor　下線部の意味は？

□□ 106

vacant「空いている」, vacuum「真空」　下線部の意味は「空の」？

Yes / No

□□ 107

evade, invade　下線部の意味は？

099 Yes

▶ superhuman「超人的な」

100 答え：「保つ」

▶ maintain「維持する」, sustain「支える」

101 答え：「広げる」

▶ extend「拡張する」, pretend「ふりをする」

102 答え：「限る」

▶ determine「決定する」, terminal「終着駅, 端末」

103 答え：「証言する」

▶ contest「競争（する）」, testament「証拠, 遺言」

104 答え：「ねじる」

▶ distort「歪曲（わいきょく）, 歪（ゆが）める」, torture「拷問（ごうもん）, 苦痛」

105 答え：「引く」

▶ distract「注意をそらす」, tractor「牽引（けんいん）車」

106 Yes

▶ vacuum のスペリングに注意！

107 答え：「行く」

▶ evade「回避する」, invade「侵略する」

□□108

convention，intervention　下線部の意味は？

□□109

controversy「論争」，reverse「逆転させる」 下線部の意味は「向く」である。 Yes / No

□□110

advertise，convert　下線部の意味は？

□□111

revise，supervise　下線部の意味は？

□□112

revive，vivid　下線部の意味は？

□□113

involve，revolve　下線部の意味は？

□□114

transplant の下線部の意味は，「近い，近距離」である。 Yes / No

□□115

「音波」は sound（名詞）であるが，「超音波」は ultrasound である。 Yes / No

□□116

「心などが安らかな」は easy（形容詞）であるが，「心配な」は uneasy である。 Yes / No

108 答え：「来る」

▶ convention「大会，因習」，intervention「介入」

109 Yes

▶ university（1 つの方を向いてまとまったもの）→「大学」

110 答え：「向ける」

▶ advertise「宣伝する」，convert「改造する」

111 答え：「見る」

▶ revise「見直す」，supervise「監督する」

112 答え：「生きる」

▶ revive「復活する」，vivid「生き生きとした」

113 答え：「回る」

▶ involve「含む」，revolve「回転する」

114 No

▶ 正しくは「越えて，横切って」。transplant「移植する」

115 Yes

▶ ultra-「…（の範囲）を越えた」

116 Yes

▶ uneasy = anxious

□□117

install「（ソフトを）インストールする」の反意語は pre-install である。

Yes / No

□□118

「評価する」は estimate（動詞）であるが，「過小評価する」は overestimate である。

Yes / No

□□119

state は「述べる」であるが，「控えめに述べる」は understate である。

Yes / No

□□120

patience は「忍耐」であるが，「患者」は patient である。

Yes / No

□□121

weekly は「毎週（の）」であるが，「隔週の」は biweekly である。

Yes / No

117 No

▶ 正しくは uninstall「アンインストールする」。pre-install「(ソフトを)プレインストールする」

118 No

▶ 正しくは underestimate。overestimate「過大評価する」

119 Yes

▶ understate「(数・量・程度など) を控えめに述べる」

120 Yes

▶ patient には「忍耐強い」(形容詞) という使い方もある。

121 Yes

▶ 形容詞にも副詞にもなる。

紛らわしい語形変化に気をつけよう

□□ 001

accountable の名詞形は？

□□ 002

「処分する，捨てる」は dispose（動詞）。「使い捨ての」は？

□□ 003

comfort「快適」を形容詞にすると？

□□ 004

private「私的な」を名詞にすると？

□□ 005

marry「結婚させる」の名詞形は？

□□ 006

store「保管する」の名詞形は？

□□ 007

approve「承認する」，arrive「到着する」の名詞形は？

□□ 008

globe「地球」，practice「実践」の形容詞形は？

□□ 009

Asia，Europe を「人」を表す名詞にすると？

001 答え：accountability「説明責任」

▶ an accountant「会計士，会計係」

002 答え：disposable

▶ 名詞は disposal「処分」。

003 答え：comfortable「快適な」

▶ a comfort break [stop]「トイレ等のための休憩や一時停車」

004 答え：privacy「私生活に関わること」

▶ privatize「…を民営化する」

005 答え：marriage「結婚」

▶「既婚者」は a married person。

006 答え：storage「貯蔵，保管」

▶ storage battery [cell] は「蓄電池」。

007 答え：approval「承諾」，arrival「到着」

▶ remove「取り去る」→ removal「撤去」

008 答え：global「全世界的な」，practical「実用的な」

▶ essence「本質」→ essential「不可欠の」

009 答え：Asian，European

▶ Italy「イタリア」→ Italian「イタリア人」

□□010

elegant「優美な」, reluctant「気乗りがしない」の名詞形は？

□□011

appear「現れる」, resemble「似ている」の名詞形は？

□□012

pregnant「妊娠している」, constant「絶え間なく続く」を, 状態を表す名詞にすると？

□□013

observe「観察する」, では「観察力がある」(形容詞)は？

□□014

please「喜ばす」, では「楽しい, 愉快な」(形容詞)は？

□□015

participate「参加する」, では「参加者」(名詞)は？

□□016

inhabit「居住する」, では「居住者」(名詞)は？

□□017

vegetable「野菜」, では「菜食主義者」(名詞)は？

□□018

imagine「想像する」, では「想像上の」(形容詞)は？

010 答え：elegance「優雅」, reluctance「気が進まないこと」

▶ absent「欠席の」→ absence「欠席」

011 答え：appearance「出現」, resemblance「類似, 似ていること」

▶ important「重要な」→ importance「重要性」

012 答え：pregnancy「妊娠（状態）」, constancy「不変であること」

▶ consistency「一貫性」にも注意。

013 答え：observant

▶ brilliant「輝かしい」

014 答え：pleasant

▶ 発音に注意！ pleasant [pléznt]

015 答え：participant

▶ assist「助ける」→ assistant「助手」

016 答え：inhabitant

▶ attend「出席する, 世話をする」→ attendant「接客係」

017 答え：vegetarian

▶ history「歴史」→ historian「歴史家」

018 答え：imaginary

▶ sanitize「衛生的にする」→ sanitary「衛生的な」

□□019

revolution「革命」，では「革命的な」（形容詞）は？

□□020

secret「機密」，では「秘書」（名詞）は？

□□021

passion「情熱」，では「情熱にあふれた」（形容詞）は？

□□022

system「体系」，では「体系的な」（形容詞）は？

□□023

confirm「確認する」，では「確認」（名詞）は？

□□024

imagine「想像する」，では「想像力のある」（形容詞）は？

□□025

represent「代表する」，では「代表者」（名詞）は？

□□026

mandate「命ずる」，では「強制的な」（形容詞）は？

□□027

observe「観測する」，では「観測所，天文台」（名詞）は？

□□028

perceive「知覚する」，では「知覚，認知」（名詞）は？

019 答え：revolutionary

▶ literature「文学」→ literary「文学の」

020 答え：secretary

▶ summarize「要約する」→ summary「要約」

021 答え：passionate

▶ accuracy「正確さ」→ accurate「正確な」

022 答え：systematic

▶ stay「とどまる」→ static「静的な」

023 答え：confirmation

▶ dedicate「捧げる」→ dedication「献身」

024 答え：imaginative

▶ imaginable「想像しうる限りの」

025 答え：representative

▶「代表，表現」は representation。

026 答え：mandatory

▶ mandate は名詞で「(公式の) 命令，権限」などの意味もある。

027 答え：observatory

▶「観察」は observation。

028 答え：perception

▶「知覚の鋭い」は perceptive。

□□ 029

deceive「だます」, では「人をだますような」(形容詞)は？

□□ 030

agent「代行者」, では「代理店」(名詞)は？

□□ 031

king「王」, では「王国」(名詞)は？

□□ 032

man「人」, では「有人の」(形容詞)は？

□□ 033

bottle「ボトル」, では「ボトルに入った」(形容詞)は？

□□ 034

employ「雇用する」, では「被雇用者」(名詞)は？

□□ 035

mountain「山」, では「登山家」(名詞)は？

□□ 036

wide「広い」, では「広げる」(動詞)は？

□□ 037

gold「金」, では「金の」(形容詞)は？

□□ 038

strength「強さ」, では「強化する」(動詞)は？

029 答え：deceptive

▶ deception「だますこと，詐欺行為」（名詞）

030 答え：agency

▶（real）estate agent「不動産業者」

031 答え：kingdom

▶ the animal kingdom「動物界」

032 答え：manned

▶「無人の」は unmanned。

033 答え：bottled

▶ bottler「瓶詰め業者」

034 答え：employee

▶「雇い主」は employer。

035 答え：mountaineer

▶ mountain chain [range]「山脈，連山」

036 答え：widen

▶ 名詞は width「（幅の）広さ」。発音注意！ widen [wáɪdn]，width [wídθ]

037 答え：golden

▶「金髪」は gold hair ではなく golden hair，blond(e) hair。

038 答え：strengthen

▶ strengthen の反意語は weaknessen ではなく weaken「弱める」。

□□ 039
prevalent「広く行き渡った」，では「普及」（名詞）は？

□□ 040
exist「存在する」，では「存在」（名詞）は？

□□ 041
deficient「不足した」，では「欠乏，不足」（名詞）は？

□□ 042
emerge「現れる」，では「緊急事態」（名詞）は？

□□ 043
excel「卓越する」，では「優秀な」（形容詞）は？

□□ 044
reside「居住する」，では「居住者」（名詞）は？

□□ 045
bake「焼く」，では「パンなどを焼く店」（名詞）は？

□□ 046
Japan「日本」，では japan（名詞）の意味は？

□□ 047
actor「俳優」，では「女優」（名詞）は？

□□ 048
prove「立証する」，では「証拠」（名詞）は？

039 答え：**prevalence**

▶「広く行き渡っている」(動詞) は prevail。

040 答え：**existence**

▶ come into existence「生まれる，成立する，創設される」

041 答え：**deficiency**

▶ deficiency の反意語は sufficiency「十分なこと，充足」。

042 答え：**emergency**

▶ emergency exit「非常口」

043 答え：**excellent**

▶ 名詞形は excellence「優秀さ，卓越」。

044 答え：**resident**

▶ 名詞形は residence → a place of residence「居住地」。

045 答え：**bakery**

▶ baker は「パンを焼く人，パン屋の主人」。

046 答え：「漆(うるし)」「漆器(しっき)」

▶ china「磁器(じき)」

047 答え：**actress**

▶「主演女優」は leading actress。

048 答え：**proof**

▶ proof は evidence を積み重ねた上での決定的な証拠を表す。

□□049

waste「無駄にする」，では「無駄の多い」（形容詞）は？

□□050

color「色」，では「色彩豊かな」（形容詞）は？

□□051

neighbor「隣人」，では「近辺，近所」（名詞）は？

□□052

child「子供」，では「子供時代」（名詞）は？

□□053

influence「影響」，では「影響力のある」（形容詞）は？

□□054

comedy「喜劇」，では「喜劇役者」（名詞）は？

□□055

possible「可能な」，では「可能性」（名詞）は？

□□056

reverse「裏返す」，では「裏返せる」（形容詞）は？

□□057

horror「恐怖」，では「恐ろしい」（形容詞）は？

□□058

symbol「象徴」，では「象徴的な」（形容詞）は？

049 答え：wasteful

▶ wasteful の反意語は economical「経済的な，無駄のない」。

050 答え：colorful

▶ 《英》では colour，colourful と綴る。

051 答え：neighborhood

▶ 《英》では neighbour，neighbourhood と綴る。

052 答え：childhood

▶「育児」は child care。

053 答え：influential

▶ アクセント注意！ influence [ínfluəns]，influential [ɪnfluénʃəl]

054 答え：comedian

▶ comedian には「喜劇作家」という意味もある。

055 答え：possibility

▶ probability よりも確実性は低い。

056 答え：reversible

▶「表裏とも着用できる」衣服などにも用いる。

057 答え：horrible

▶ terrible よりも強い意味。

058 答え：symbolic

▶ 動詞は symbolize「象徴する，記号で表す」。

□□ 059

history「歴史」, では「歴史に関する」(形容詞) は？

□□ 060

electron「電子」, では「電子工学」(名詞) は？

□□ 061

justify「正当化する」の名詞形は？

□□ 062

simple「簡単な」を動詞に変えると？

□□ 063

class「階級」, では「分類する」(動詞) は？

□□ 064

prevent「予防する」の名詞形は？

□□ 065

style「スタイル」, では「おしゃれな, 流行に合った」(形容詞) は？

□□ 066

race「人種」, では「人種差別」(名詞) は？

□□ 067

liberal「自由な」, では「自由主義者」(名詞) は？

□□ 068

real「現実の」, では「現実的な」(形容詞) は？

059 答え：historical

▶ historic は「歴史のある，歴史上重要な」。

060 答え：electronics

▶ electricity「電気」，electrode「電極」

061 答え：justification「正当化」

▶ justice「正義，公正，裁判（官）」

062 答え：simplify「簡素化する」

▶ simplicity「簡単，質素，素朴さ」

063 答え：classify

▶ classification「分類」

064 答え：prevention「予防」

▶ preventative「予防するための」

065 答え：stylish

▶ stylist は「スタイリスト，デザイナー，美容師，名文家」などの意味で，「おしゃれな人」にはならない。

066 答え：racism

▶ racial discrimination [segregation] とも言う。

067 答え：liberalist

▶ liberty「自由」，liberate「自由にする，解放する」

068 答え：realistic

▶ reality「現実」，realize「認識する，実現する」

□□ 069
character「特質」, では「特有の, 独特な」(形容詞) は?

□□ 070
compete「競争する」, では「競争」(名詞) は?

□□ 071
part「分ける」, では「部分的な, 不完全な」(形容詞) は?

□□ 072
repeat「反復する」, では「反復」(名詞) は?

□□ 073
sense「五感で感じる」, では「敏感な」(形容詞) は?

□□ 074
sole「ひとりの」, では「独居, 孤独」(名詞) は?

□□ 075
diverse「多様な」, では「多様性」(名詞) は?

□□ 076
secure「危険から守る」, では「安全, 無事」(名詞) は?

□□ 077
act「行動 (する)」, では「活動的な, 活発な」(形容詞) は?

069 答え：characteristic

▶ characteristic にも「特徴，特色」という意味の名詞の使い方がある。

070 答え：competition

▶ competitor「競争相手」

071 答え：partial

▶ partial eclipse「部分日［月］食」

072 答え：repetition

▶「何度も，繰り返して」（副詞）は repeatedly。

073 答え：sensitive

▶ sensible「分別がある」

074 答え：solitude

▶ loneliness とは異なり，1人でいることを楽しんでいるというニュアンスがある。

075 答え：diversity

▶ diversion は「転換」。

076 答え：security

▶「警備員」は security guard（pp.20-21，No.77 参照）。

077 答え：active

▶ activity「活動，活発」

□□078

execute「仕事等を遂行する」, では「経営幹部」(名詞)は?

□□079

impulse「衝動」, では「衝動的な」(形容詞)は?

□□080

commercial「商売用の」, では「商品化する」(動詞)は?

□□081

memory「記憶」, では「暗記する」(動詞)は?

□□082

sleep「眠る」, では「眠れない, 不眠の」(形容詞)は?

□□083

border「国境」, では「国境のない」(形容詞)は?

□□084

book「本」, では「小冊子」(名詞)は?

□□085

leaf「葉」, では「折込み, チラシ」(名詞)は?

□□086

life「実物」, では「実物そっくりの」(形容詞)は?

078 答え：**executive**

▶ executive には「取締役の，行政上の」という形容詞の使い方もある。the chief executive officer「最高経営責任者」

079 答え：**impulsive**

▶「衝動買い」impulse shopping [buying]

080 答え：**commercialize**

▶ commerce「商業」（pp.66-67，No.059 参照）。

081 答え：**memorize**

▶「記憶の，記念の，追悼(ついとう)の」は memorial。

082 答え：**sleepless**

▶ sleepy「眠い」

083 答え：**borderless**

▶「ボーダーレス，無境界」という意味で名詞化して用いられることも多い。

084 答え：**booklet**

▶ cover は「本の表紙」，「（表紙を包む）ブックカバー」は jacket を用いるのが普通。

085 答え：**leaflet**

▶ leafy「葉の多い」

086 答え：**lifelike**

▶ life span「（生物・機械などの）寿命」

□□087

lone「ただ一つの」, では「寂しい, 心細い」(形容詞) は？

□□088

time「時」, では「タイミングのいい」(形容詞) は？

□□089

earth「地球」, では「地上の, この世の」(形容詞) は？

□□090

day「日」, では「日々の」(形容詞) は？

□□091

absolute「絶対の」, では「絶対に, まったくその通り」(副詞) は？

□□092

require「必要とする」, では「必要条件」(名詞) は？

□□093

emit「放射する」, では「放射, 放出」(名詞) は？

□□094

emit「放射する」, では「放射性の, 放出性の」(形容詞) は？

□□095

fit「体調がよい」, では「健康 (状態)」(名詞) は？

□□096

donate「寄贈する」, では「臓器提供者」(名詞) は？

087 答え：**lonely**

▶ lonely hearts「恋人や結婚相手を求める人たち」

088 答え：**timely**

▶ timeless「永遠の，時間を超越した」

089 答え：**earthly**

▶ earthly paradise「地上の楽園」

090 答え：**daily**

▶ daily wage「日給」

091 答え：**absolutely**

▶ アクセントに注意！ 形容詞・動詞の前では[ǽbsəlù:tli]，動詞の後や単独では[æbsəlú:tli] がふつう。

092 答え：**requirement, requisition**

▶ requisition はこの意味では不可算名詞として用いるのがふつう。

093 答え：**emission**

▶ emission control「排気ガス規制」

094 答え：**emissive**

▶ emissivity「放射率」

095 答え：**fitness**

▶ fit「(運動などをして)調子がよい」。healthy は病気などのない健康な状態。

096 答え：**donor**

▶ 臓器提供を受ける「臓器移植者」は recipient。

□□097
govern「支配する」，では「知事」（名詞）は？

□□098
instruct「教える」，では「講師」（名詞）は？

□□099
sense「五感で感じる」，では「五感で感じられる」（形容詞）は？

□□100
contradict「矛盾する」，では「矛盾した」（形容詞）は？

□□101
infect「病菌で冒す」，では「伝染性の」（形容詞）は？

□□102
humor「ユーモア」，では「ユーモアのある」（形容詞）は？

□□103
impulse「衝動」（名詞），では「衝動的な」（形容詞）は？

□□104
impulse「衝動」（名詞），他に同意の名詞は？

□□105
rival「競争相手」，では「対抗意識」（名詞）は？

□□106
describe「記述する」，では「記述」（名詞）は？

097 答え：**governor**

▶「政府，政治，政治体制」は government。

098 答え：**instructor**

▶ instructive「ためになる」

099 答え：**sensory**

▶ sensible「分別がある」，sensitive「敏感な」，senseless「無意味な」。No.073（pp.96-97）参照。

100 答え：**contradictory**

▶ contradiction「矛盾」

101 答え：**infectious**

▶ infection「感染，伝染病」

102 答え：**humorous**

▶《英》では humour，humourous と綴る。

103 答え：**impulsive**

▶ impulsive action「衝動的な行動」

104 答え：**impulsion**

▶ compulsion「（よくないとわかっている）衝動」もある。

105 答え：**rivalry**

▶ *be* in rivarly「張り合っている」

106 答え：**description**

▶ describable「描写できる」

□□ 107

respond「応答する」，では「応答」（名詞）は？

□□ 108

leader「指導者」，では「指導力」（名詞）は？

□□ 109

comprehend「理解する」，では「理解，把握」（名詞）は？

□□ 110

extend「延ばす」，では「広範囲にわたる」（形容詞）は？

□□ 111

gold「金」，では「金細工職人」（名詞）は？

□□ 112

trouble「迷惑（をかける）」，では「面倒な，迷惑な」（形容詞）は？

□□ 113

trick「策略」，では「ペテン師，手品師」（名詞）は？

□□ 114

consume「消費する」，では「消費，消耗」（名詞）は？

□□ 115

complain「文句を言う」，では「苦情」（名詞）は？

□□ 116

weigh「重さを量る」，では「重さ，体重」（名詞）は？

107 答え：response

▶ responsive「すぐに反応する」（形容詞）

108 答え：leadership

▶ leading「先頭の，主要な，一流の」

109 答え：comprehension

▶ comprehensive「包括的な」

110 答え：extensive

▶ extension「延長」

111 答え：goldsmith

▶ goldbeater「金箔（きんぱく）師」

112 答え：troublesome

▶ trouble-free「問題のない」

113 答え：trickster

▶ tricky「巧妙な，狡猾（こうかつ）な」

114 答え：consumption

▶ consumption tax [duty]「消費税」

115 答え：complaint

▶ complaint「（裁判の）原告，告訴側」（名詞）という意味もある。

116 答え：weight

▶ weightless「無重力の」

□□ 117

drama「劇」, では「劇的な」(形容詞)は？

□□ 118

sympathy「同情」, では「同情した」(形容詞)は？

□□ 119

produce「製造する」, では「製造」(名詞)は？

□□ 120

intellect「知性」, では「知的な」(形容詞)は？

□□ 121

spirit「精神」, では「精神的な」(形容詞)は？

□□ 122

muscle「筋肉」, では「筋骨たくましい」(形容詞)は？

□□ 123

molecule「分子」, では「分子の」(形容詞)は？

□□ 124

depart「出発する」, では「出発」(名詞)は？

□□ 125

fail「失敗する」, では「失敗」(名詞)は？

□□ 126

solve「解決する」, では「解決」(名詞)は？

117 答え：dramatic

▶ dramatics「(単数扱いで) 演出法,(複数扱いで) 芝居がかったふるまい」

118 答え：sympathetic

▶「同情する」は sympathize。

119 答え：production

▶「製品」は product。

120 答え：intellectual

▶ intellectual「知識人，インテリ」(名詞)

121 答え：spiritual

▶ *one*'s spiritual home「心の故郷」

122 答え：muscular

▶ musculature「筋肉組織」

123 答え：molecular

▶「原子の」は atomic。

124 答え：departure

▶ department「部門」

125 答え：failure

▶ fail ↔ succeed，failure ↔ success

126 答え：solution

▶ solution tank「溶液タンク，溶解タンク」

□□ 127

honest「正直な」，では「正直」（名詞）は？

□□ 128

jealous「嫉妬して」（形容詞），では「嫉妬」（名詞）は？

□□ 129

catch「捕らえる」, では「面白くて覚えやすい」（形容詞）は？

□□ 130

taste「味わってみる」, では「食欲をそそる」（形容詞）は？

□□ 131

inquire「調査する」，では「調査，取り調べ」（名詞）は？

□□ 132

deliver「配達する」，では「配達，分娩」（名詞）は？

□□ 133

enter「参加する」, では「入場, 参加（者）, 出品物」（名詞）は？

□□ 134

salt「塩」，では「塩辛い」（形容詞）は？

□□ 135

consider「よく考える」, では「思いやりのある」（形容詞）は？

127 答え：**honesty**

▶ Honesty is the best policy.「正直は最善の策」

128 答え：**jealousy**

▶ envious「うらやんで」の名詞形は envy。

129 答え：**catchy**

▶「引っかかりやすい」という意味もある。

130 答え：**tasty**

▶ tasteful は「センスの良い，上品な」。

131 答え：**inquiry**

▶ scientific inquiry「学術調査」

132 答え：**delivery**

▶ delivery charge「配送料」，delivery room「分娩室」

133 答え：**entry**

▶ entrance「入り口，入学」

134 答え：**salty**

▶ sugar（名詞）→ sugary（形容詞）

135 答え：**considerate**

▶ considerable「かなりの」

☐☐ 136

nonhuman は「人間以外の」であるが, inhuman は「冷酷な」である。 Yes / No

☐☐ 137

forgetful は「忘れっぽい」であるが, forgettable は「(つまらなくて) 記憶に残らない」である。 Yes / No

☐☐ 138

imbalance は「不均衡, アンバランス」であるが, unbalance は「均衡のとれた」である。 Yes / No

☐☐ 139

disuse は「不使用, 廃止」であるが, misuse の意味は「乱用, 誤用」である。 Yes / No

☐☐ 140

comprehensive は「包括的な」であるが, comprehensible は「(十分に) 理解できる」である。 Yes / No

☐☐ 141

emergency は「緊急事態」であるが, emergence は「緊急の」である。 Yes / No

☐☐ 142

economic は「経済に関する」であるが, economical は「生態学の」である。 Yes / No

136 Yes

▶ inhumane「非人道的な」。アクセント注意！ inhuman [ɪnhjúːmən], inhumane [ìnhjuːméɪn]

137 Yes

▶「物忘れ，健忘症（けんぼう）」は forgetfulness。

138 No

▶ 正しくは「…の均衡を失わせる」。imbalance は名詞，unbalance は動詞として用いられることが多い。an unbalanced diet「偏食」。

139 Yes

▶ unused「使用されていない，慣れていない」

140 Yes

▶ comprehension「理解力」, comprehend「理解する」。No.109（pp.104-105）参照。

141 No

▶ 正しくは「発生」。emergence は名詞。形容詞形は emergent。

142 No

▶ 正しくは「（経済的で）安い」。economics「経済学（単数扱い），経済的側面（複数扱い）」

□□ 143

imaginable は「想像できる」であるが, imaginative は「想像力に富む」, imaginary は「架空の」である。 Yes / No

□□ 144

momentary は「瞬間的な」であるが, momentous は「時々」である。 Yes / No

□□ 145

appearance は「出現, 外見」であるが, apparent は「明白な, うわべだけの」である。 Yes / No

□□ 146

artistic は「芸術的な」であるが, 「人工的な」は artificial である。 Yes / No

□□ 147

attend は「注意して聞く」であるが, 「注目, 注意」（名詞）は attentive である。 Yes / No

□□ 148

attend は「出席する」であるが, 「出席, 参加」（名詞）は attendance である。 Yes / No

□□ 149

industrial「産業の」であるが, industrious は「勤勉な」である。 Yes / No

143 **Yes**

▶ 動詞形は imagine，名詞形は imagination。

144 **No**

▶ 正しくは「重大な」。アクセント注意！ momentary [móumənteri], momentous [mouméntəs]

145 **Yes**

▶ アクセント注意！ appearance [əpíərəns]，apparent [əpérənt]

146 **Yes**

▶ an artificial flower「造花」

147 **No**

▶ 正しくは attention。attentive は「注意深い，よく気が利く」（形容詞）。

148 **Yes**

▶ attendant「接客係」（名詞），「付随(ふずい)する」（形容詞）

149 **Yes**

▶ industry「産業，勤勉」

□□150

dislike は「嫌う」であるが，unlike の意味は「…同様に」である。

Yes / No

□□151

名詞 produce は「農産物」であるが，「工業製品」は production である。

Yes / No

□□152

respectable「立派な」であるが，respective の意味は「それぞれの」である。

Yes / No

□□153

名詞 success は「成功」であるが，succession の意味は「継続」である。

Yes / No

□□154

slow「ゆっくりな」，では「ゆっくりと」（副詞）は？

□□155

true「本当の」（形容詞），「本当に」（副詞）は truely である。

Yes / No

□□156

simple「単純な」（形容詞），「単純に」（副詞）は simply である。

Yes / No

150 **No**

▶ 正しくは「…と違って」(前置詞)。unlikely は「(事が) 起こりそうにない」(形容詞)。

151 **No**

▶ 正しくは product。production「製造，生産」

152 **Yes**

▶ respectful「礼儀正しい」(形容詞)

153 **Yes**

▶ successive「(一貫して) 引き続く」(形容詞)

154 答え：**slowly**

▶ slow も副詞として用いられる場合がある。

155 **No**

▶ true → truly。truth「真実」(名詞)

156 **Yes**

▶ simplicity「簡単，質素」(名詞)

□□ 157

easy「簡単な」(形容詞),「簡単に」(副詞)は easyly である。

Yes / No

□□ 158

early「早い」(形容詞),「早く」(副詞)も early である。

Yes / No

□□ 159

long「長い」(形容詞),「長く」(副詞)も long である。

Yes / No

□□ 160

fast「速い」(形容詞),「速く」(副詞)も fast である。

Yes / No

□□ 161

hard「難しい,懸命な」(形容詞),副詞も hard である。

Yes / No

□□ 162

late「遅い」(形容詞),副詞も late である。 Yes / No

157 No

▶ 正しくは easily。ease「容易さ」(名詞)

158 Yes

▶ earlier this year「今年の初めに」

159 Yes

▶ length「長さ」(名詞)

160 Yes

▶ fasten「締める，固定する」(動詞)

161 Yes

▶ hardly「ほとんどない」(副詞)

162 Yes

▶ lately「最近」(副詞)

混同しやすい単語をチェックしよう

□□01

abroad は「海外に」, aboard は「搭乗して」である。

Yes / No

□□02

adapt は「採用する，養子にする」, adopt は「合わせる」である。

Yes / No

□□03

attitude は「態度」, altitude は「高度」である。 Yes / No

□□04

（　）に入れるのに適切な組み合わせは？

b(　)ld「(頭が) はげた」 b(　)ld「大胆な」

① a-o　② o-a

□□05

（　）に入れるのに適切な組み合わせは？

(　)anish「追放する」 (　)anish「消える」

① b-v　② v-b

□□06

berry は「ベリー」, belly は「腹」である。 Yes / No

□□07

beside は「加えて」, besides は「脇に」である。 Yes / No

01 Yes

▶ abreast「横に並んで」

02 No

▶ adapt「合わせる」，adopt「採用する，養子にする」。adept「熟練して」（形容詞）にも注意！

03 Yes

▶ altitude sickness「高山病」

04 答え：①

▶ bald「（頭が）はげた」　bold「大胆な」

05 答え：①

▶ banish「追放する」　vanish「消える」

06 Yes

▶ berry は bury「埋葬する」と同じ発音。[béri]

07 No

▶ beside「脇に」，besides「加えて」

□□ 08

blow は「眉毛」, brow は「吹く」である。 Yes / No

□□ 09

(　)に入れるのに適切な組み合わせは？

b(　)ush「赤面する」 b(　)ush「ブラシ(をかける)」

① l-r　② r-l

□□ 10

bond は「絆」, bound は「境界」である。 Yes / No

□□ 11

break は「ブレーキ」, brake は「破る」である。 Yes / No

□□ 12

branch は「ブランチ(昼食を兼ねて遅い時間に取る昼食)」, brunch は「枝, 支店」である。 Yes / No

□□ 13

career は「運び屋」, carrier は「職業」である。 Yes / No

□□ 14

「対立(する), 金属がガチャンとぶつかる」は(a. clash　b. crash)

□□ 15

(　)に入れるのに適切な組み合わせは？

compl(　)ment「補う, 補語」 compl(　)ment「ほめ言葉」

① e-i　② i-e

08 **No**

▶ blow「吹く」, brow「眉毛」

09 答え：①

▶ blush「赤面する」 brush「ブラシ（をかける）」

10 **Yes**

▶ bind「縛る」－ bound － bound にも注意。

11 **No**

▶ break「破る」, brake「ブレーキ」

12 **No**

▶ branch「枝，支店」, brunch「ブランチ」。brunch = breakfast + lunch

13 **No**

▶ career「職業」, carrier「運び屋」。career [kəriər] のアクセントに注意！

14 答え：**a.**

▶ crash「衝突（する），墜落（する）」

15 答え：①

▶ complement「補う，補語」, compliment「ほめ言葉」。発音は同じ。
[kɑ́:mpləmənt]

□□ 16

cost は「費用」，coast は「岸」である。 Yes / No

□□ 17

corporation は「協力」, cooperation は「法人, 団体」である。

Yes / No

□□ 18

（　）に入れるのに適切な組み合わせは？

coun（　）「議会」 coun（　）「助言（する）」

① cil-sel　② sel-cil

□□ 19

country は「国，田舎」，county は「郡，州」である。

Yes / No

□□ 20

（　）に入れるのに適切な組み合わせは？

cr（　）sh「衝突する」 cr（　）sh「押しつぶす」

① a-u　② u-a

□□ 21

daily「毎日の」，では dairy は？

□□ 22

down は「下へ」，dawn は「夜明け」である。 Yes / No

16 **Yes**

▶ costly「高価な」

17 **No**

▶ corporation「法人，団体」，cooperation「協力」

18 答え：①

▶ council「議会」，counsel「助言（する）」。発音は同じ。[káunsl]

19 **Yes**

▶ county は《米》では「郡」，《英》では「州」。

20 答え：①

▶ crash「衝突する」，crush「押しつぶす」

21 答え：**「乳製品（加工場），酪農業」**

▶ dairy products「乳製品」

22 **Yes**

▶ dawn の反意語は dusk「夕暮れ」。

□□23

decent は「下降」，descent は「上品な」である。

Yes / No

□□24

effective は「効果的な」, efficient は「効率がよい」である。

Yes / No

□□25

flame は「枠組み」，frame は「炎」である。　Yes / No

□□26

flash「ぴかっと光る，パッとひらめく」，では flush は？

□□27

（　）に入れるのに適切な組み合わせは？

f(　)ight「空の旅，逃亡」 f(　)ight「恐怖」

① l-r　② r-l

□□28

fresh は「(人, 動物などの) 肉」, flesh は「新鮮な」である。

Yes / No

□□29

human「人間 (の)」，では humane は？

□□30

idle は「怠けた」，idol は「アイドル」である。　Yes / No

23 **No**

▶ decent「上品な」, descent「下降」。発音注意！ decent [díːsnt], descent [dɪsént]

24 **Yes**

▶ 反意語は, ineffective「効果のない」, inefficient「無駄の多い」。

25 **No**

▶ flame「炎」, frame「枠組み」

26 答え：**「赤面（する）, トイレで水を流す」**

▶「同一平面の」（形容詞）という使い方もある。

27 答え：①

▶ flight「空の旅, 逃亡」 fright「恐怖」

28 **No**

▶ fresh「新鮮な」, flesh「（人, 動物などの）肉」

29 答え：**「人道的な」**

▶ humane society「思いやりのある社会, 動物愛護協会」

30 **Yes**

▶ pop idol「アイドル歌手」 idol singer とは言わない。

□□31

instant は「一瞬」, instance は「例」である。 Yes / No

□□32

(　)に入れるのに適切な組み合わせは？

inten(　)「意図する」 inten(　)「意図, 集中した」

① d-t　② t-d

□□33

intention「意図」, では intension は？

□□34

law は「生の」, raw は「法律, 法則」である。 Yes / No

□□35

low は「低い」, row は「列」である。 Yes / No

□□36

river は「肝臓」, liver は「川」である。 Yes / No

□□37

royal は「忠実な」, loyal は「王族の」である。 Yes / No

□□38

mad は「頭にきて, 冷静さを失っている」, mud は「泥」である。 Yes / No

□□39

moral「道徳(の)」, では morale は？

31 **Yes**

▶ (for) an instant「一瞬」, for instance「たとえば」

32 答え：①

▶ intend「意図する」 intent「意図，集中した」

33 答え：**「強化」**

▶ intense「強烈な」（形容詞）

34 **No**

▶ law「法律，法則」, raw「生の」

35 **Yes**

▶ row には「ボートを漕ぐ」（動詞）[róu],「激しい口論」（名詞）[ráu] という使い方もある。

36 **No**

▶ river「川」, liver「肝臓」

37 **No**

▶ royal「王族の」, loyal「忠実な，誠実な」

38 **Yes**

▶ mad cow disease「狂牛病」

39 答え：**「士気」**

▶「士気を高める」boost [improve, raise] the morale

□□40

morning は「朝, 午前中」, mourning は「喪, 悲嘆」である。

Yes / No

□□41

noodle は「針」, needle は「麺」である。 Yes / No

□□42

odd「奇妙な, 奇数の」, では odds は？

□□43

pose は「停止」, pause は「ポーズ」である。 Yes / No

□□44

personal「個人の」, では personnel は？

□□45

persecute は「迫害する」, prosecute は「起訴する」である。

Yes / No

□□46

physician は「物理学者」, physicist は「内科医」である。

Yes / No

□□47

plane は「飛行機」, plain は「平野, 明白な」である。

Yes / No

40 Yes

▶ mourning band「喪章」

41 No

▶ noodle「麺」, needle「針」

42 答え：「見込み，不利な状況」

▶ 複数扱いがふつう。

43 No

▶ pose「ポーズ」, pause「停止」

44 答え：「職員，人事課」

▶ アクセント注意！ personal [pə́ːrsənl], personnel [pə̀ːrsənél]

45 Yes

▶ persecutor「迫害者」, prosecutor「検察官」

46 No

▶ physician「内科医」, physicist「物理学者」

47 Yes

▶ plane と plain は同じ発音。[pléɪn]

□□48

play は「遊ぶ，演じる」，pray は「祈る」である。

Yes / No

□□49

pray「祈る」，では prey は？

□□50

preposition は「提案」，proposition は「前置詞」である。

Yes / No

□□51

principal は「原理」，principle は「主役，校長」である。

Yes / No

□□52

prove は「証明する」, probe は「徹底的に調査する」である。

Yes / No

□□53

proper は「栄える」，prosper は「適切な」である。

Yes / No

□□54

prophecy は「予言する」，prophesy は「予言」である。

Yes / No

□□55

region は「地域」，religion は「宗教」である。 Yes / No

48 Yes

▶ prayer「祈り（の言葉），祈る人」

49 答え：「餌食（えじき）」

▶ pray と prey は同じ発音。[préɪ]

50 No

▶ preposition「前置詞」，proposition「提案」

51 No

▶ principal「主役，校長」，principle「原理」

52 Yes

▶ probe には「精査，探査機」（名詞）という使い方もある。

53 No

▶ proper「適切な」，prosper「栄える」

54 No

▶ prophecy「予言」，prophesy「予言する」。発音注意！ prophecy [prɑ́:fəsi]，prophesy [prɑ́:fəsàɪ]

55 Yes

▶ religious「宗教の」

□□56

rhyme は「韻（いん）」，lime は「ライム」である。 Yes / No

□□57

quiet は「全く」，quite は「静かな」である。 Yes / No

□□58

staff は「スタッフ」，stuff は「(漠然と) もの」である。

Yes / No

□□59

steak は「賭け」，stake は「ステーキ」である。 Yes / No

□□60

thorough は「徹底的な」，through は「…を通り抜けて」である。

Yes / No

□□61

track は「トラック (貨物自動車)」，truck は「通路」である。

Yes / No

□□62

thread は「脅威」，threat は「糸，つながり」である。

Yes / No

□□63

vacation は「休暇」，vocation は「聖職」である。Yes / No

□□64

waste は「腰」，waist は「浪費する」である。 Yes / No

56 Yes

▶ rhyme の発音に注意。[ráɪm]

57 No

▶ quiet「静かな」, quite「全く」

58 Yes

▶ my stuff「私の持ち物」

59 No

▶ steak「ステーキ」, stake「賭け」

60 Yes

▶ 発音注意！ thorough [θə́:roʊ], through [θrú:]

61 No

▶ track「通路」, truck「貨物自動車」

62 No

▶ thread「糸，つながり」, threat「脅威」

63 Yes

▶ vaccination「ワクチン（予防）接種」

64 No

▶ waste「浪費する」, waist「腰」

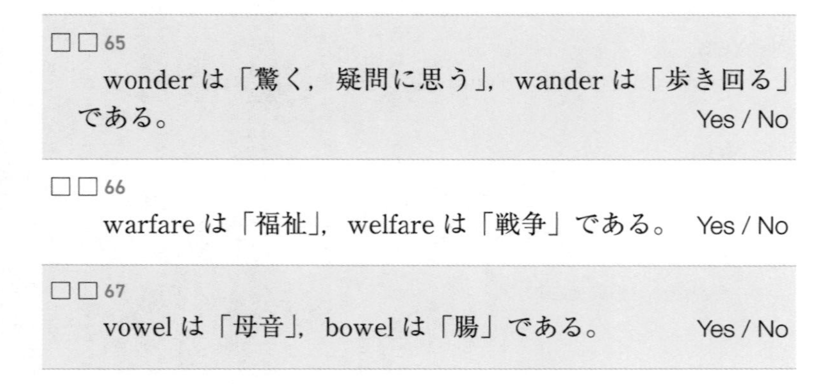

□□65

wonder は「驚く，疑問に思う」，wander は「歩き回る」である。 Yes / No

□□66

warfare は「福祉」，welfare は「戦争」である。 Yes / No

□□67

vowel は「母音」，bowel は「腸」である。 Yes / No

65 Yes

▶ winder [wáindər]「巻くもの，（ぜんまいの）ネジ」

66 No

▶ warfare「戦争」，welfare「福祉」

67 Yes

▶ towel「タオル」

単数と複数で意味の異なる名詞を学ぼう

□□01

air は「空気」であるが，airs は「気取った態度」である。

Yes / No

□□02

an arm は「腕」であるが，arms は「技術」である。

Yes / No

□□03

a manner は「方法，態度」であるが，manners は「行儀」である。

Yes / No

□□04

good は「利益」であるが，goods は「商品，財」である。

Yes / No

□□05

force は「力」であるが，forces は「要塞」である。Yes / No

□□06

letter は「手紙, 文字」であるが, letters は「脚本」である。

Yes / No

□□07

pain は「苦痛」であるが，pains は「労力」である。

Yes / No

01 Yes

▶ put on airs「気取る」

02 No

▶ 正しくは「武器」。arms cut「軍備削減」

03 Yes

▶ manners には「(ある時代・社会の) 風俗」という意味もある。

04 Yes

▶ Given goods never prosper.「贈与された資産は増えない」(ことわざ)

05 No

▶ 正しくは「軍隊」。the (armed) forces「(一国の) 陸海空軍」

06 No

▶ 正しくは「文学」。American letters「アメリカ文学」

07 Yes

▶ many pains とは言わず, a lot of pains, much [great] pains などと言う。

□□08

paper は「紙」であるが，papers は「出版社」である。

Yes / No

□□09

people は「人々」であるが，peoples は「民族，国民」である。

Yes / No

□□10

ruin は「荒廃，破滅」であるが，ruins は「廃墟，遺跡」である。

Yes / No

08 No

▶ 正しくは「新聞，論文，書類」。divorce papers「離婚届」。

09 Yes

▶ the peoples of Europe「ヨーロッパの諸国民」

10 Yes

▶ the ruins of Pompeii「ポンペイの遺跡」

UNIT 8 反意語をマスターしよう

□□ 01

normal「正常な」, 反意語は？

□□ 02

absent「その場にいない」, 反意語は？

□□ 03

absolute「絶対的な」, 反意語は？

□□ 04

abstract「抽象的な」, 反意語は？

□□ 05

passive「受動的な, 消極的な」, 反意語は？

□□ 06

chronic「慢性の」, 反意語は？

□□ 07

negative「否定的な」, 反意語は？

□□ 08

defensive「防衛的な」, 反意語は？

01 答え：abnormal「異常な」

▶ abnormal は（悪い意味で）ふつうとは異なる場合に用いる。（良い意味で）普通と異なる場合は，exceptional や extraordinary などを用いる。

02 答え：present「その場にいる」

▶ この意味で present を用いる場合は叙述用法がふつう。

03 答え：relative「相対的な」

▶ relative には「親戚，同種の動植物」（名詞）という意味もある。

04 答え：concrete「具体的な」

▶ concrete には，「コンクリート」（名詞），「コンクリート製の」（形容詞），「コンクリートで固める」（動詞）という使い方もある。

05 答え：active「能動的な，積極的な」

▶ active fault「活断層」

06 答え：acute「急性の」

▶ acute alcoholic poisoning「急性アルコール中毒」

07 答え：affirmative，positive「肯定的な」

▶ affirmative action「積極的差別撤廃措置」

08 答え：aggressive「攻撃的な」

▶ aggressive cancer「進行の早い癌（がん）」

□□09

digital「デジタルの」，反意語は？

□□10

devil「悪魔」，反意語は？

□□11

departure「出発」，反意語は？

□□12

harmful「有害な」，反意語は？

□□13

biased「偏(かたよ)った」，反意語は？

□□14

top「頂点」，反意語は？

□□15

cause「原因」，反意語は？

□□16

civil「文民の」，反意語は？

□□17

modesty「謙虚」，反意語は？

□□18

progressive「進歩的な」，反意語は？

09 答え：analog「アナログの」

▶《英》ではしばしば analogue。

10 答え：angel「天使」

▶ 発音注意！ [éɪndʒəl]

11 答え：arrival「到着」

▶ the expected time of arrival「到着予定時刻」

12 答え：beneficial「有益な」

▶ benefit「利益」（名詞）

13 答え：neutral「中立な」

▶ biased は《英》では biassed。発音はどちらも [báiəst]。

14 答え：bottom「底」

▶ Bottoms up!「乾杯！」。グラスの底を上げて飲み干す。Cheers! の方がふつう。

15 答え：effect「結果」

▶ adverse effects「逆効果」

16 答え：military「軍事の」

▶ military service「兵役」

17 答え：conceit「自惚(うぬぼ)れ」

▶ conceive「（考え・計画など）を考えつく」（動詞）

18 答え：conservative「保守的な」

▶「（服装などが）地味な」という意味もある。

□□19

increase「増加（する）」，反意語は？

□□20

definite「有限の」，反意語は？

□□21

supply「供給」，反意語は？

□□22

dull「くすんだ，ぼんやりとした」，反意語は？

□□23

dynamic「動的な」，反意語は？

□□24

export「輸出（する）」，反意語は？

□□25

genuine「本物の」，反意語は？

□□26

true「真実の」，反意語は？

□□27

fat「太っている」，反意語は？

□□28

male「男性の」，反意語は？

19 答え：**decrease「減少（する）」**

▶ アクセント注意！ 動[dìːkríːs]，名[díːkriːs]

20 答え：**infinite「無限の」**

▶ アクセント注意！［ínfənət］

21 答え：**demand「需要」**

▶ demand feeding「泣いた時に行う授乳」

22 答え：**bright「鮮やかな」**

▶ the bright lights「都会の生活，歓楽街」

23 答え：**static「静的な」**

▶ static electricity「静電気」

24 答え：**import「輸入（する）」**

▶ アクセントに注意！ 動[impɔ́ːrt]，名[ímpɔːrt]

25 答え：**fake「偽物の」**

▶ a fake ID「偽造 ID」

26 答え：**false「嘘の」**

▶ false accounting「不正経理」

27 答え：**thin「痩(や)せている」**

▶ lean，slender，slim なども褒(ほ)め言葉として同じ意味。

28 答え：**female「女性の」**

▶ female impersonator「女形，女性役の男優」

□□29
feminine「女性的な」，反意語は？

□□30
vacant「空いている」，反意語は？

□□31
scatter「ばら撒く」，反意語は？

□□32
gross「総計の」，反意語は？

□□33
guilty「有罪の」，反意語は？

□□34
hell「地獄」，反意語は？

□□35
horizontal「水平の」，反意語は？

□□36
rational「合理的な」，反意語は？

□□37
mature「成熟した」，反意語は？

□□38
loose「緩(ゆる)い」，反意語は？

29 答え：masculine「男性的な」

▶ neuter「中性の」

30 答え：occupied「空きがない」

▶ *OCCUPIED*「使用中」(トイレなど)

31 答え：gather「集める」

▶ 散らばっている人や物を一か所に集めることを表す。

32 答え：net「正味の」

▶ net income「(諸経費を差し引いた) 実収入」

33 答え：innocent「無実の」

▶ 「悪意のない，無邪気な」という意味にもなる。

34 答え：heaven「天国」

▶ heaven on earth「地上の楽園」

35 答え：vertical「垂直の」

▶ a vertical angle「(対) 頂角」

36 答え：irrational「不合理な」

▶ irrational number「無理数」

37 答え：immature「未熟な」

▶ immaturity「未熟」(名詞)

38 答え：tight「きつい」

▶ loose の発音注意！ [lúːs]

□□ 39

lower「下の」，反意語は？

□□ 40

majority「多数派」，反意語は？

□□ 41

material「物質的な」，反意語は？

□□ 42

maximum「最大（の）」，反意語は？

□□ 43

nature「生まれ」，反意語は？

□□ 44

objective「客観的な」，反意語は？

□□ 45

optimistic「楽観的な」，反意語は？

□□ 46

permanent「永続的な」，反意語は？

□□ 47

polite「丁寧な」，反意語は？

□□ 48

public「公の」，反意語は？

39 答え：upper「上の」

▶ uppermost「最高の，最上の」

40 答え：minority「少数派」

▶ ethnic minorities「少数民族」

41 答え：spiritual「精神的な」

▶「霊的な，宗教上の」という意味もある。the spiritual world「霊界」

42 答え：minimum「最小（の）」

▶ the minimum temperature「最低気温」

43 答え：nurture「育ち」

▶ nurture には「育てる，育成する」（動詞）という使い方もある。

44 答え：subjective「主観的な」

▶ a subjective complement「主格補語」（文法用語）

45 答え：pessimistic「悲観的な」

▶ a pessimist「悲観しがちな人」

46 答え：temporary「一時的な」

▶ temporary housing「仮設住宅」

47 答え：rude「ぶしつけな」

▶ impolite「不作法な」でもよい。

48 答え：private「私的な」

▶ take private lessons「個人レッスンを受ける」

□□49

quality「質」, 反意語は？

□□50

relaxed「くつろいだ」, 反意語は？

□□51

smooth「なめらかな」, 反意語は？

□□52

rural「田舎の」, 反意語は？

□□53

sexism「性差別（主義）」, 反意語は？

□□54

strong「強い」, 反意語は？

□□55

surd「無理数（の）」, 反意語は？

□□56

practice「実践」, 反意語は？

□□57

thin「薄い」, 反意語は？

□□58

vice「悪徳」, 反意語は？

49 答え：**quantity「量」**

▶「大量の」と言う場合に big は用いない。a large [enormous, huge, vast] quantities of などとする。

50 答え：**tense「緊張した」**

▶ tense fingers「こわばった指」

51 答え：**rough「ざらざらした」**

▶ 発音注意！［rʌ́f］

52 答え：**urban「都会の」**

▶ urban renewal「都市再開発」

53 答え：**feminism「男女同権主義」**

▶ feminine「女性の」(形容詞)

54 答え：**weak「弱い」**

▶ week と同じ発音。［wíːk］

55 答え：**rational「有理数（の）」**

▶ surd = irrational

56 答え：**theory「理論」**

▶ theoretical「理論上の」(形容詞)

57 答え：**thick「厚い」**

▶ a thick fog「深い霧」。a deep fog とは言わない。

58 答え：**virtue「美徳」**

▶ virtuous「徳の高い，高潔な」(形容詞)

□□ 59

odd「奇数の」，反意語は？

□□ 60

former「前の」，反意語は？

□□ 61

vague「あいまいな」，反意語は？

□□ 62

broad「幅の広い」，反意語は？

□□ 63

foreign「外国の」，反意語は？

□□ 64

physical「肉体の」，反意語は？

□□ 65

ideal「理想の」，反意語は？

□□ 66

countless の意味は？

□□ 67

priceless は「値段がつかないほど安い」である。 Yes / No

□□ 68

invaluable は「価値がない」である。 Yes / No

59 答え：even「偶数の」

▶ an even page「偶数ページ」

60 答え：latter「後の」

▶ late-later-latest（時間） late-latter-last（順序）

61 答え：clear「はっきりした」

▶ clearance「（不要なものを）一掃すること」（名詞）

62 答え：narrow「幅が狭い」

▶ have a narrow escape「九死に一生を得る」

63 答え：domestic「国内の」

▶ domestic products「国産品」

64 答え：mental「精神の」

▶ mental health「心の健康」

65 答え：actual「現実の」

▶ the actual name「実名」

66 答え：「数え切れないほど多くの」

▶ numberless も同じ意味。

67 No

▶ 正しくは「値段がつかないほど高価な」。

68 No

▶ 正しくは「評価できないほど貴重な」。

□□69

valueless は「価値がない」である。 Yes / No

□□70

infamous は「無名の」である。 Yes / No

□□71

indifferent は「無関心で」である。 Yes / No

□□72

correct, decisive, normal　反対語の接頭辞が異なるのは？

□□73

definite, literate, secure　反対語の接頭辞が異なるのは？

□□74

dependent, honest, visible　反対語の接頭辞が異なるのは？

□□75

mortal, patient, willing　反対語の接頭辞が異なるのは？

□□76

content, mature, patient　反対語の接頭辞が異なるのは？

□□77

legal, logical, polite　反対語の接頭辞が異なるのは？

69 Yes

▶ worthless も同じ意味。

70 No

▶ 正しくは「悪いことで有名な」。発音・アクセント注意！ [ínfəməs]

71 Yes

▶「良くも悪くもない，中立の」という意味もある。

72 答え：normal

▶ incorrect，indecisive，abnormal No.01（pp.140-141）参照。

73 答え：literate

▶ indefinite，illiterate，insecure

74 答え：honest

▶ independent，dishonest，invisible

75 答え：willing

▶ immortal，impatient，unwilling

76 答え：content

▶ discontent，immature，impatient

77 答え：polite

▶ illegal，illogical，impolite

間違いやすい複数形をチェックしよう

□□ 01

roof「屋根」の複数形は roofs である。 Yes / No

□□ 02

phenomenon「現象」の複数形は phenomenons である。

Yes / No

□□ 03

criterion「判断基準」の複数形は criteria である。

Yes / No

□□ 04

hypothesis「仮説」の複数形は hypotheses である。

Yes / No

□□ 05

ox「牡牛」の複数形は oxes である。 Yes / No

□□ 06

crisis「危機」の複数形は crises である。 Yes / No

□□ 07

medium「情報伝達手段」の複数形は mediums である。

Yes / No

01 Yes

▶ belief → beliefs「信念」にも注意！

02 No

▶ 正しくは phenomena　ギリシャ語由来。

03 Yes

▶ ギリシャ語由来。

04 Yes

▶ ギリシャ語由来。

05 No

▶ 正しくは oxen。

06 Yes

▶ ギリシャ語由来。

07 No

▶ 正しくは media。ラテン語由来。

□□08

formula「公式」の複数形は formulas である。 Yes / No

□□09

stimulus「刺激」の複数形は stimuli である。 Yes / No

□□10

child の複数形は childs である。 Yes / No

□□11

curricula「カリキュラム」の単数形は？

□□12

analyses「分析」の単数形は？

□□13

bases「基礎」の単数形は？

□□14

axis「軸」の複数形は？

□□15

bus「バス」の複数形は？

□□16

box「箱」の複数形は？

□□17

potato「ジャガイモ」の複数形は (a. potatoes b. potatos)

08 No

▶ 正しくは formulae。「公式」の意味以外で使うときの複数形は formulas。ラテン語由来。

09 Yes

▶ ラテン語由来。

10 No

▶ 正しくは children。

11 答え：curriculum

▶ ラテン語由来。

12 答え：analysis

▶ ギリシャ語由来。

13 答え：basis

▶ ギリシャ語由来。

14 答え：axes

▶ ギリシャ語由来。

15 答え：buses

▶ lens → lenses「レンズ」

16 答え：boxes

▶ ox → oxen「雄牛」にも注意！

17 答え：a.

▶ hero → heroes「ヒーロー」にも注意！

□□ 18

piano「ピアノ」の複数形は（a. pianoes　b. pianos）

□□ 19

church「教会」の複数形は？

□□ 20

stomach「胃」の複数形は（a. stomaches　b. stomachs）

□□ 21

dish「皿」の複数形は？

□□ 22

wolf「オオカミ」の複数形は？

□□ 23

safe「金庫」の複数形は（a. safes　b. saves）

□□ 24

tooth「歯」の複数形は（a. teeth　b. tooths）

□□ 25

deer「鹿」, sheep「羊」の複数形は単数形と同じ形である。

Yes / No

□□ 26

man の複数形は（a. mans　b. men）

18 答え：**b.**

▶ photos，radios，studios にも注意！

19 答え：**churches**

▶ watch → watches「時計」

20 答え：**b.**

▶ lung → lungs「肺」

21 答え：**dishes**

▶「（皿に盛った）料理」という意味もある。

22 答え：**wolves**

▶ knife → knives「ナイフ」

23 答え：**a.**

▶ proof → proofs「証拠」

24 答え：**a.**

▶ foot → feet「フィート（長さの単位）」，goose → geese「ガチョウ」にも注意！

25 **Yes**

▶ 群れをなす動物。

26 答え：**b.**

▶ woman → women「女性」。women の発音注意！［wímin］

□□27

a passer-by「通行人」の複数形は passers-by である。

Yes / No

□□28

a grown-up「おとな」の複数形は growns-up である。

Yes / No

27 Yes

▶ passer のように実際に複数になる名詞を複数形にする。

28 No

▶ a grown-up → grown-ups。複数形にする名詞がない場合，全体を 1 語と見る。

スペリングに注意すべき単語

□□01
「サッカー」の正しいスペリングは soccur である。
Yes / No

□□02
「ビスケット」の正しいスペリングは biscuit である。
Yes / No

□□03
「サーキット」の正しいスペリングは cercuit である。
Yes / No

□□04
「収容する」の正しいスペリングは acomodate である。
Yes / No

□□05
「発生」の正しいスペリングは occurrence である。
Yes / No

□□06
「サンドイッチ」を英語で書くと sandwich である。
Yes / No

□□07
「住所」の正しいスペリングは address である。 Yes / No

01 No

▶ 正しくは soccer。《英》では football の方がふつう。

02 Yes

▶「クッキー」は cookie または cooky。

03 No

▶ 正しくは circuit。「円周，回路，巡回」などの意味もある。

04 No

▶ 正しくは accommodate。accommodation「宿泊設備，収容力」

05 Yes

▶ 発音アクセント注意！ [əkɔ́:rəns]

06 Yes

▶「ハムサンド」は ham sand と短縮せず，ham sandwich と言う。

07 Yes

▶ notification of change of address「住所変更届」

□□08

efficient「効率のよい」, profficient「熟練した」のうち, スペリングが誤っているのは efficient である。 Yes / No

□□09

「攻撃的な」の正しいスペリングは aggressive である。

Yes / No

□□10

「誇張する」の正しいスペリングは exaggarate である。

Yes / No

□□11

baggage「手荷物」, garbbage「ごみ」のうち, スペリングが誤っているのは garbbage である。 Yes / No

□□12

「(他国から入ってくる) 移民」の正しいスペリングは imigrant である。 Yes / No

□□13

「委員会」の正しいスペリングは committee である。

Yes / No

□□14

「トンネル」を英語で書くと tunnel である。 Yes / No

□□15

「チャンネル」を英語で書くと chanel である。 Yes / No

08 No

▶ profficient → proficient。アクセント注意！［prəfíʃənt］

09 Yes

▶ aggression「（不当な）攻撃，攻撃性」（名詞）

10 No

▶ 正しくは exaggerate。アクセント注意！［ɪgzǽdʒərèit］

11 Yes

▶ garbbage → garbage。garbage は主に台所で出るゴミ，trash は部屋で出る紙くずなどのゴミ。《英》ではそれらの代わりに rubbish もよく用いる。

12 No

▶ 正しくは immigrant。「（他国への）移民」は emigrant。

13 Yes

▶「1 人の委員」は a committee member。

14 Yes

▶ 発音注意！［tʌ́nl］

15 No

▶ 正しくは channel。発音注意！［tʃǽnl］

□□16
「暴政」の正しいスペリングは tyrany である。 Yes / No

□□17
「アンテナ」を英語で書くと antenna である。 Yes / No

□□18
「(季節の) 秋」, fall ともう一つは autum である。 Yes / No

□□19
「(野球の) イニング」を英語で書くと inning である。 Yes / No

□□20
appreciate「感謝する」, appology「おわび, 謝罪」のうち, スペリングが誤っているのは appreciate である。 Yes / No

□□21
「明日」の正しいスペリングは tomorow である。 Yes / No

□□22
「カリキュラム」を英語で書くと curriculum である。
Yes / No

□□23
「カレッジ」と「ヴィレッジ」を英語で書くと, それぞれ college, villege である。 Yes / No

□□24
「(通貨単位の) ドル」を英語で書くと dolar である。
Yes / No

16 **No**

▶ 正しくは tyranny。

17 **Yes**

▶ アクセント注意！ [ænténə]

18 **No**

▶ 正しくは autumn。

19 **Yes**

▶ 「4回の表[裏]」 the top[bottom] of the fourth inning

20 **No**

▶ appology → apology　appreciate のスペリングは正しい。

21 **No**

▶ 正しくは tomorrow。

22 **Yes**

▶ curriculum vitae「履歴(書)」。《米》では resume。

23 **No**

▶ 正しくは village。college のスペリングは正しい。

24 **No**

▶ 正しくは dollar。

□□ 25
「(服の) えり」を英語で書くと collar である。 Yes / No

□□ 26
「歓迎する」の正しいスペリングは wellcome である。
Yes / No

□□ 27
「福祉」の正しいスペリングは wellfare である。 Yes / No

□□ 28
「別れ (の挨拶)」の正しいスペリングは farewell である。
Yes / No

□□ 29
「…まで」の正しいスペリングは untill である。 Yes / No

□□ 30
「ゴリラ」を英語で書くと gorilla である。 Yes / No

□□ 31
「鏡」の正しいスペリングは mirrar である。 Yes / No

□□ 32
「デザート」の正しいスペリングは desert である。
Yes / No

□□ 33
「(ものを切る) ハサミ」の正しいスペリングは scissors である。
Yes / No

25 Yes

▶ a dog collar「犬の首輪」

26 No

▶ 正しくは welcome。a welcome party「歓迎会」

27 No

▶ 正しくは welfare。

28 Yes

▶ a farewell party「送別会」

29 No

▶ 正しくは until。

30 Yes

▶ アクセント注意！［gərílə］

31 No

▶ 正しくは mirror。

32 No

▶ 正しくは dessert。発音注意！［dizə́:rt］

33 Yes

▶ a pair of scissors「ハサミ一丁」。a scissors とは言わない。

□□34

「カウンセラー」を英語で書くと counselor である。

Yes / No

□□35

attension「注意」，explosion「爆発」のうち，スペリングが誤っている語は explosion である。

Yes / No

□□36

「ゴルフクラブ(用具)」の正しいスペリングは crab である。

Yes / No

□□37

「バニラ」を英語で書くと vanila である。

Yes / No

□□38

「(料理用)オーブン」を英語で書くと oven である。

Yes / No

□□39

「バレーボール」を英語で書くと voleyball である。

Yes / No

□□40

「(水以外の)飲料」を英語で書くと beverage である。

Yes / No

34 Yes

▶《英》では counsellor とも綴る。council(l)or「評議員」と同じ発音。[káunsələr]

35 No

▶ attension → attention　explosion のスペリングは正しい。

36 No

▶ 正しくは club。

37 No

▶ 正しくは vanilla。アクセント注意！［vənílə］

38 Yes

▶ 発音注意！［ʌ́vn］

39 No

▶ 正しくは volleyball。

40 Yes

▶ 水や薬以外の全ての飲料を表す。

□□41

glove は「手袋」であるが，globe の意味は「球(体)，地球(儀)」である。 Yes / No

□□42

free は「自由な」であるが，flee の意味は「ノミ」である。 Yes / No

□□43

fly は「飛ぶ」であるが，fry の意味は「揚げる，炒める」である。 Yes / No

□□44

lavatory は「トイレ」であるが，「実験室，研究所」は laboratory である。 Yes / No

□□45

「水曜日」を英語で書くと Wenedsday である。 Yes / No

□□46

「領収書，レシート」を英語で書くと receit である。 Yes / No

□□47

「リズム」を英語で書くと rhythm である。 Yes / No

□□48

「(食卓用の)フォーク」の正しいスペリングは folk である。 Yes / No

41 Yes

▶ 発音注意！ glove [glʌ́v], globe [glóʊb]

42 No

▶ 正しくは「逃げる，避難する」。「ノミ」は flea で flee と同じ発音。[flíː]

43 Yes

▶ a fry (ing) pan「フライパン」

44 Yes

▶ labor する場所という意味。

45 No

▶ 正しくは Wednesday。

46 No

▶ 正しくは receipt。

47 Yes

▶ the rhythm of the heart「心臓の鼓動」

48 No

▶ 正しくは fork。folk「人々」

□□ 49

true「真実の」の名詞形は truth であるが，副詞形は truely である。 Yes / No

□□ 50

argue の名詞形は argument である。 Yes / No

□□ 51

pronounce の名詞形は pronouciation である。 Yes / No

□□ 52

maintain の名詞形は maintainance である。 Yes / No

□□ 53

「メッセージ」を英語で書くと mesage である。 Yes / No

□□ 54

「うそ（をつく）」は lie であるが，「うそをつく人」は lier である。 Yes / No

□□ 55

「カレンダー」を英語で書くと calendar である。 Yes / No

□□ 56

「図書館，蔵書」の正しいスペリングは libraly である。 Yes / No

□□ 57

「要約」の正しいスペリングは summery である。 Yes / No

49 No

▶ 正しくは truly。

50 Yes

▶ argument「主張，論争」

51 No

▶ 正しくは pronunciation。

52 No

▶ 正しくは maintenance。

53 No

▶ 正しくは message。

54 No

▶ 正しくは liar。

55 Yes

▶ アクセント注意！［kǽləndə*r*］

56 No

▶ 正しくは library。

57 No

▶ 正しくは summary。summery「夏らしい」

□□ 58

「文房具」の正しいスペリングは stationary である。

Yes / No

□□ 59

assist の名詞形は assistance である。 Yes / No

□□ 60

exist の名詞形は existance である。 Yes / No

□□ 61

ignore の名詞形は ignorance である。 Yes / No

□□ 62

「エレベーター」を英語で書くと elevator である。

Yes / No

□□ 63

navigator「航海士」，waitor「ウエイター」のうち，スペリングが誤っているのは navigator である。 Yes / No

□□ 64

「縫う」の正しいスペリングは sew である。 Yes / No

□□ 65

「法律家，弁護士」の正しいスペリングは lawer である。

Yes / No

58 **No**

▶ 正しくは stationery。stationary「動かない，静止した」

59 **Yes**

▶ assistant「アシスタント，助手」(名詞)，「補助の」(形容詞)

60 **No**

▶ 正しくは existence。

61 **Yes**

▶ ignorant「無知の」(形容詞)

62 **Yes**

▶ アクセント注意！［éləvèɪtər］

63 **No**

▶ waitor → waiter　navigator のスペリングは正しい。

64 **Yes**

▶ sow「種（をまく）」。sew も sow も同じ発音［sóʊ］となる。

65 **No**

▶ 正しくは lawyer。

□□66

「(食べ物にかける) ソース」の正しいスペリングは source である。 Yes / No

□□67

「(衣服の) ボタン」を英語で書くと button である。 Yes / No

□□68

「レストラン」を英語で書くと restaurant である。 Yes / No

□□69

「いとこ」を英語で書くと cousun である。 Yes / No

□□70

「クーポン」を英語で書くと cupon である。 Yes / No

□□71

「(曲線の) カーブ」の正しいスペリングは carve である。 Yes / No

□□72

「外科医」の正しいスペリングは sergeant である。 Yes / No

□□73

「特権」の正しいスペリングは privilege である。 Yes / No

66 No

▶ 正しくは sauce。source「源」

67 Yes

▶ 発音注意！［bʌ́tn］

68 Yes

▶ 語尾の発音に注意！［réstərənt］

69 No

▶ 正しくは cousin。

70 No

▶ 正しくは coupon。

71 No

▶ 正しくは curve。carve「彫る」

72 No

▶ 正しくは surgeon。sergeant「下士官，巡査部長」

73 Yes

▶ the privileged classes「特権階級」

UNIT 11 その他の注意すべき語彙を押さえよう

□□01
「(手の) 親指」は big finger である。 Yes / No

□□02
「(手の) 人差し指」は index finger である。 Yes / No

□□03
「安心する」は feel at easy である。 Yes / No

□□04
「薬を飲む」は take medicine である。 Yes / No

□□05
「(手の) 薬指」は medicine finger である。 Yes / No

□□06
「足の指」は toe である。 Yes / No

□□07
「足の親指」は parent toe である。 Yes / No

□□08
「足の小指」は fifth toe，または little toe である。
Yes / No

01 **No**

▶ 正しくは thumb。残りの指は fingers。

02 **Yes**

▶ 「中指」は middle finger。

03 **No**

▶ 正しくは feel at <u>ease</u>。

04 **Yes**

▶ （薬以外の）飲料を飲む場合は drink を用いるのが普通。

05 **No**

▶ 正しくは ring finger，「小指」は little finger。

06 **Yes**

▶ 発音注意！［tóʊ］。toe finger とはしない。

07 **No**

▶ 正しくは big toe，親指の次からは second toe，third toe と数えていく。

08 **Yes**

▶ toe には「（靴・靴下などの）つま先」という意味もある。

□□09

「オランダ」の正式名称は Holland である。 Yes / No

□□10

「ブレグジット（英国の EU からの離脱）」は Brexit である。

Yes / No

□□11

「アンテナ」はアメリカ英語では antenna だが，イギリス英語では aerial である。 Yes / No

□□12

the early hours は日の出直後の早朝の時間帯を表す。

Yes / No

□□13

「アメリカ合衆国」は the United States of America だが，the United States → the U.S. → the US → US と簡略化されて表される。 Yes / No

□□14

「青汁（飲み物）」は blue soup である。 Yes / No

□□15

「火星」は Mars だが the Red Planet と呼ばれることもある。

Yes / No

09 **No**

▶ 正しくは the Netherlands。Holland はオランダの一部（北ホラント，南ホラント州）を指す。

10 **Yes**

▶ Brexit = Britain + exit

11 **Yes**

▶ 「エアリアル（フリースタイルスキーやスノーボードの種目），（アメリカンフットボールの）フォワードパス」も aerial(s)。

12 **No**

▶ the early hours は「（午前 0 時から 3 時頃の）深夜，夜更け」を表す。時刻の数字が小さいことから，the small hours とも言う。

13 **Yes**

▶ 頻出表現なので初めから簡略化されることも多い。

14 **No**

▶ green juice「青汁」, green apple「青リンゴ」, green grass「青々と茂った牧草」

15 **Yes**

▶ 見た目が赤みを帯びているため。Mars はローマ神話における戦いの神マルスにちなんでいる。

□□ 16

「2022（会計）年度」fiscal 2022 は日本では 1 月 1 日からである。 Yes / No

□□ 17

advertisement「広告」の正しい省略形は add である。 Yes / No

□□ 18

「豊富な語彙」は a lot of vocabulary = many vocabularies である。 Yes / No

□□ 19

「メールを書く［送信する］」は e(-)mail = text。 Yes / No

□□ 20

「通路側の席」は a front-row seat である。 Yes / No

□□ 21

「家具 1 点」は a piece of furniture である。 Yes / No

□□ 22

「親会社」は parent company だが,「子会社」を child company とは言わない。 Yes / No

□□ 23

「5 周年記念日」は the 5th university である。 Yes / No

16 **No**

▶ 4月1日から始まる。アメリカ合衆国は10月1日，英国では4月6日から。

17 **No**

▶ 正しくは ad。add は「加える」（動詞）。

18 **No**

▶ 正しくは a lot of vocabulary = a large vocabulary。

19 **Yes**

▶ text には「本文，文書」（名詞）という意味もある。

20 **No**

▶ 正しくは an aisle seat。a front-row seat「最前列の席」

21 **Yes**

▶ a piece of ＋不可算名詞

22 **Yes**

▶ 「子会社」は subsidiary（company）。subsidiary「補助的な，管理下にある」（形容詞）

23 **No**

▶ 正しくは the 5th anniversary。university「大学」

□□ 24

confident は「確信して」であるが，「秘密の」は confidential である。 Yes / No

□□ 25

「ダイエットする」は *be*［go］ in a diet である。 Yes / No

□□ 26

「お湯を沸かす」は boil water である。 Yes / No

□□ 27

「病気の女の子」は an ill girl である。 Yes / No

□□ 28

「月刊誌」は a month magazine である。 Yes / No

□□ 29

hero は「男性の主人公」であるが，「女性の主人公」は heroine である。 Yes / No

□□ 30

「銀行口座」は a bank account であるが，「会計帳簿」は an account book である。 Yes / No

□□ 31

ドレスコードで，「おしゃれを意識した日常着」は fashionable casual である。 Yes / No

24 **Yes**

▶ CO「親展」（封書の上書き）

25 **No**

▶ 正しくは *be*［go］on a diet。

26 **Yes**

▶ boil hot water とは言わない。

27 **No**

▶ 正しくは a sick girl。

28 **No**

▶ 正しくは a monthly magazine。a weekly magazine「週刊誌」

29 **Yes**

▶ heroin「ヘロイン（麻薬の一種）」

30 **Yes**

▶ account（名詞）は取引や出来事の記録や記憶を表す。

31 **No**

▶ 正しくは smart casual。

□□32

「未成年者入場禁止」は No majors allowed. である。

Yes / No

□□33

「攻撃は最大の防御である」は The best defense is a good offense. である。

Yes / No

□□34

「万年筆」は a fountain pen である。

Yes / No

□□35

「(顔色が) 赤い」は red であるが，「(病気・ショック・恐怖などで) 青ざめた」は pale である。

Yes / No

□□36

army は「陸軍」であるが，「空軍」は navy である。

Yes / No

□□37

「近くの病院」は a near hospital である。

Yes / No

□□38

「大声で」は loudly であるが，「声を出して」は aloud である。

Yes / No

□□39

「濃いコーヒー」は dark coffee である。

Yes / No

32 No

▶ 正しくは No minors allowed.　major「成人（18 歳以上)」

33 Yes

▶ Offense is the best defense. も同じ意味。

34 Yes

▶ fountain「泉，噴水」

35 Yes

▶ blue「(寒さ・怒りなどで）青ざめた」

36 No

▶ 正しくは air force。navy「海軍」

37 No

▶ 正しくは a nearby hospital。

38 Yes

▶ loud(ly) ↔ quiet(ly)　aloud ↔ silently

39 No

▶ 正しくは strong coffee。

□□ 40

「薄いコーヒー」は weak coffee である。 Yes / No

□□ 41

「コクがあるコーヒー」は rich coffee である。 Yes / No

□□ 42

「劣等感」は superiority complex である。 Yes / No

□□ 43

「タピオカ（ミルク）ティー」は tapioca tea の他にも bubble tea などの名称もある。 Yes / No

□□ 44

a vampire shopper とは「ハロウィンパーティの仮装衣装を探している人」という意味である。 Yes / No

□□ 45

a museum は「博物館」という意味だけではなく「美術館」などにも用いる。 Yes / No

□□ 46

a centenarian は「100 歳に達した人」という意味だが，a supercentenarian は「ものすごく元気な 100 歳の人」である。 Yes / No

□□ 47

revenue − cost = profit　正しい？ Yes / No

40 **Yes**
▶ weak beer「（アルコール度数が）低いビール」

41 **Yes**
▶ rich chocolate mouse「濃厚なチョコレートムース」

42 **No**
▶ 正しくは inferior [inferiority] complex。superiority complex「優越感」

43 **Yes**
▶ bubble「泡」はタピオカの粒を表している。他にも pearl tea, boba (tea) などの呼び方もある。

44 **No**
▶ a vampire shopper「夜な夜なオンラインショッピングにハマる人」。吸血鬼が夜な夜な出没することから。

45 **Yes**
▶ a museum は「価値あるものを展示する施設」。

46 **No**
▶ a supercentenarian「110 歳に達した人」。cent- は「100」を表す。

47 **Yes**
▶ revenue「収益」− cost「費用」＝ profit「利益」

□□48

「新型コロナウィルス（the novel coronavirus）感染症」の名称はCOVID-19である。 Yes / No

□□49

「（新型コロナウィルスの）オミクロン株」はthe Omicron variantである。 Yes / No

□□50

アメリカ社会の分断を表すフレーズで，red stateは「共和党支持者の多い州」を表し，「民主党支持者の多い州」はwhite stateである。 Yes / No

□□51

a pack of dolphinsは「イルカの群れ」を表す。 Yes / No

□□52

a swarm of fishは「魚の群れ」を表す。 Yes / No

□□53

vegetarianは「菜食主義の人」，略してveganとも表す。

Yes / No

48 **Yes**

▶ CO は「コロナ（Corona)」，VI は「ウイルス（Virus)」，D は「疾患（Disease)」，ハイフンの後の 19 は発生が確認された 2019 年を表す。WHO（世界保健機関）が 2020 年 2 月 11 日に発表した。日常会話では COVID が一般的。

49 **Yes**

▶ variant は「変異体」（名詞）。

50 **No**

▶「民主党支持者の多い州」は blue state。大統領選挙の際のテレビ局による図解説明に由来する。赤も青もアメリカ国旗に使われている色。

51 **No**

▶「イルカの群れ」は a pod of dolphins が正しい。「クジラの群れ」も a pod of whales となる。pack はオオカミや猟犬などの群れに用いる。

52 **No**

▶「魚の群れ」は a school of fish が正しい。swarm はハチ・ハエ・蚊などの群れに用いる。鳥や羊などの群れは flock を用いる。

53 **No**

▶ vegetarian を略すと veggie，veggy，vegie などとなる。

□□ 54

vegetarian は「菜食主義の人」, vegan は「(卵や乳製品も含めて動物性食品を全くとらない) 完全な菜食主義の人」を表す。

Yes / No

□□ 55

pescatarian は「(タンパク源として魚介も食べる) 菜食主義の人」を表す。

Yes / No

□□ 56

What is the longest word in English? (なぞなぞ)

54 Yes

▶ flexitarian は「(外食時などには時々肉や魚を食べる) 準菜食主義の人」。

55 Yes

▶ pesco-vegetarian とも言う。

56 答え：Smiles.

▶ 2 つの S の間に 1 マイルあるから。

二本柳 啓文 *Hirofumi NIHONYANAGI*

河合塾講師

河合塾では，高３生および浪人生の対面授業を１週間に約 10 校の校舎で担当し，映像授業では早慶レベルの講座で全国的に知名度が高く，高校の先生方や保護者からの信頼も厚い。

著書に『二本柳啓文のトークで攻略 早大への英語塾』，『英会話スクールへ行く、その前に　10 時間授業で中学英語を卒業する』，『4 コママンガでわかる！ 中学英文法』（以上，語学春秋社），『受験に勝つ子どもの育て方』（内外出版社）がある。

CC05DA/B-B/Si

教科書をよむ前によむ！ 3日で読める！

実況中継シリーズがパワーアップ!!

シリーズ売上累計1,000万部を超えるベストセラー参考書『実況中継』が，新しい装丁になって続々登場！ ますますわかりやすくなって，使いやすさも抜群です。

山口俊治
英文法講義の実況中継①／② <増補改訂版>

定価：本体(各)1,200円+税

「英語のしくみ」がとことんわかりやすく，どんな問題も百発百中解ける，伝説の英文法参考書『山口英文法講義の実況中継』をリニューアル！ 入試頻出900題を収めた別冊付き。問題が「解ける喜び」を実感できます。

小森清久
英文法・語法問題講義の実況中継

定価：本体1,300円+税

文法・語法・熟語・イディオム・発音・アクセント・会話表現の入試必出7ジャンル対策を1冊にまとめた決定版。ポイントを押さえた詳しい解説と1050問の最新の頻出問題で，理解力と解答力が同時に身につきます。

登木健司
難関大英語長文講義の実況中継①／②

定価：本体(各)1,500円+税

科学・哲学・思想など難関大入試頻出のテーマを取り上げ，抽象的で難しい英文を読みこなすために必要な「アタマの働かせ方」を徹底講義します。長文読解のスキルをぎゅっと凝縮した，別冊「読解公式のまとめ」付き！

登木健司・守屋佑真
英語内容一致問題講義の実況中継

定価：本体1,300円+税

試験で大きな配点を占める内容一致問題を，「10の公式」で完全攻略！ また，リーディングの力をライティングに応用する画期的なメソッドも紹介しています。両講師の対談形式による"副音声"（無料DL）もオススメです！

大矢復
英作文講義の実況中継

定価：本体1,200円+税

日本語的発想のまま英文を書くと，正しい英文とズレが生じて入試では命取り。その原因一誰もが誤解しがちな"文法""単語"一を明らかにして，入試英作文を完全攻略します。自由英作文対策も万全。

英語

大矢復 図解英語構文講義の実況中継

定価：本体1,200円+税

高校生になったとたんに英文が読めなくなった人におすすめ。英文の仕組みをヴィジュアルに解説するので，文構造がスッキリわかって，一番大事な部分がハッキリつかめるようになります。

大学入学共通テスト 石井雅勇 CD2枚付 英語［リーディング・リスニング］講義の実況中継

定価：本体2,200円+税

共通テスト英語の出題形式と攻略法を，「リーディング対策編」，「リスニング対策編」の両パートで徹底解説! 試行テスト問題演習&オリジナル予想問題演習で，どんな問題にも対応できる実戦力を磨きます。

国語

出口汪 現代文講義の実況中継①～③ <改訂版>

定価：本体（各）1,200円+税

従来，「センス・感覚」で解くものとされた現代文に，「論理的読解法」という一貫した解き方を提示し，革命を起こした現代文参考書のパイオニア。だれもが高得点を取ることが可能になった手法を一挙公開。

兵頭宗俊 実戦現代文講義の実況中継

定価：本体1,400円+税

「解法の技術」と「攻略の心得」で入試のあらゆる出題パターンを攻略します。近代論・科学論などの重要頻出テーマを網羅。「日本語語法構文」・「実戦用語集」などを特集した別冊付録も充実です。「現実に合格する現代文脳」に変われるチャンスが詰まっています。

大学入学共通テスト 安達雄大 現代文講義の実況中継

定価：本体1,500円+税

「そもそも現代文の勉強の仕方がわからない」と悩んでいる受験生のために，現代文対策のコツを基礎から徹底解説。思考の流れを一つずつ図解で確認しながら，確実に正解にたどり着く解法を伝授します。

望月光 古典文法講義の実況中継①／② <改訂第3版>

定価：本体（各）1,300円+税

初心者にもわかりやすい文法の参考書がここにある!文法は何をどう覚え，覚えたことがどう役に立ち，何が必要で何がいらないかを明らかにした本書で，受験文法をスイスイ攻略しよう!

国語

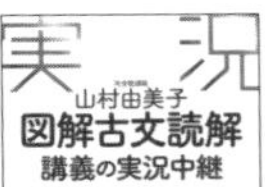

山村由美子
図解古文読解講義の実況中継

定価：本体1,200円+税

古文のプロが時間と労力をかけてあみだした正しく読解をするための公式“ワザ85”を大公開。「なんとなく読んでいた」→「自信を持って読めた」→「高得点GET」の流れが本書で確立します。

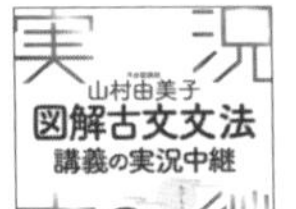

山村由美子
図解古文文法講義の実況中継

定価：本体1,200円+税

入試でねらわれる古文特有の文法を，図解やまとめを交えてわかりやすく，この一冊にまとめました。日頃の勉強がそのままテストの得点に直結する即効性が文法学習の嬉しいところ。本書で入試での得点予約をしちゃいましょう。

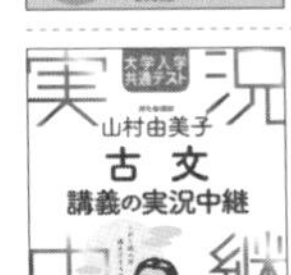

大学入学共通テスト

山村由美子 古文講義の実況中継

定価：本体1,600円+税

共通テスト古文で高得点を取るための秘訣を全公開!!「単語」→「文法」→「和歌」→「総合問題演習」→「共通テスト型問題演習」と，順を追って手応えを感じながら学べます。巻末付録には，「試行テスト」を2題収録。

大学入学共通テスト

飯塚敏夫 漢文講義の実況中継

定価：本体1,500円+税

共通テスト漢文は，「漢文法」「単語」「漢詩」を押さえれば，満点が取れるおいしい科目。本書で速習攻略できます！さらに，2題の予想問題で本番を意識した対策も万全です。漢文公式を1冊にまとめた別冊サブノート付き。

地歴

石川晶康
日本史B講義の実況中継①～④

CD付

定価：①・②本体（各）1,200円+税
③・④本体（各）1,300円+税

日本史参考書の定番『石川日本史講義の実況中継』が，改訂版全4巻となって登場!文化史も時代ごとに含まれ学習しやすくなりました。さらに，「別冊講義ノート」と「年表トークCD」で，実際の授業環境を再現!日本史が得点源に変わります!

石川晶康
日本史Bテーマ史講義の実況中継

定価：本体1,400円+税

「史学史」「女性史」「琉球・沖縄史」など必須テーマから，メインの「政治史」まで，入試頻出テーマに焦点をしぼった一冊。「論述対策」も盛り込まれた本書は，これまでの日本史学習の成果を得点力にかえる，総仕上げの一冊です。

英語4技能時代に対応!!

6段階 マルチレベル・スピーキングシリーズ

石井 雅勇 著

※レベル分けは，一応の目安とお考えください。

小学上級～中１レベル

❶ グリーンコース

CD1 枚付／ 1,000 円＋税

自己紹介やあいさつの音読練習から始まり，イラスト内容の描写，簡単な日常表現の演習，さらには自分自身の考えや気持ちを述べるトレーニングを行います。

中２～中３レベル

❷ オレンジコース

CD1 枚付／ 1,000 円＋税

過去・未来の表現演習から始まり，イラスト内容の描写，日常表現の演習，さらには自分自身の気持ちや意見を英語で述べるトレーニングを行います。

高校初級レベル

❸ ブルーコース

CD1 枚付／ 1,000 円＋税

ニューストピック・時事的な話題などの音読練習をはじめ，電話の応対・道案内の日常会話，公園の風景の写真説明，さらにはインターネット・SNSなどについてのスピーチトレーニングを行います。

高校中級レベル

❹ ブラウンコース

CD1 枚付／ 1,000 円＋税

テレフォンメッセージ・授業前のコメントなどの音読練習をはじめ，余暇の過ごし方・ショッピングでの日常会話，スポーツの場面の写真説明，さらに自分のスケジュールなどについてのスピーチトレーニングを行います。

高校上級～中堅大レベル

❺ レッドコース

CD2 枚付／ 1,200 円＋税

交通ニュースや数字などのシャドーイングをはじめ，写真・グラフの説明，4コマまんがの描写，電話での照会への応対及び解決策の提示，さらには自分の意見を論理的に述べるスピーチのトレーニングを行います。

難関大学レベル

❻ スーパーレッドコース

CD2 枚付／ 1,200 円＋税

様々な記事や環境問題に関する記事のシャドーイングをはじめ，講義の要旨を述べる問題，写真・グラフの説明，製造工程の説明，さらには1分程度で自分の意見を述べるスピーチのトレーニングを行います。

全コース共通

スピーキング・ハンドブック

CD3 枚付／ 1,600 円＋税

発音やイントネーションをはじめ，スピーキング力の向上に必要な知識と情報が満載の全コース対応型ハンドブックです。